湖南省教育科学“十二五”规划2015重点课题
“幼儿园教育活动资源建设研究”阶段性成果
课题批准号：XJK015AJC002

幼儿园教育活动
资源建设研究丛书

丛书主编：周丛笑

直击《指南》

幼儿园亲子活动

本册主编：杨燕　陈丹

中国出版集团　東方出版中心

图书在版编目(CIP)数据

直击《指南》幼儿园亲子活动/杨燕，陈丹主编.
—上海：东方出版中心，2018.4
(幼儿园教育活动资源建设研究丛书/周丛笑主编)
ISBN 978-7-5473-1256-8

Ⅰ.①直… Ⅱ.①杨… ②陈… Ⅲ.①学前教育—教学参考资料 Ⅳ.①G613

中国版本图书馆 CIP 数据核字(2018)第 043233 号

丛书主编　周丛笑
本册主编　杨　燕　陈　丹
责任编辑　邓　伟

直击《指南》幼儿园亲子活动

出版发行：东方出版中心
地　　址：上海市仙霞路 345 号
电　　话：(021)62417400
邮政编码：200336
经　　销：全国新华书店
印　　刷：江苏南通韬奋印刷有限公司
开　　本：720×1000 毫米　1/16
字　　数：227 千字
印　　张：13.5
版　　次：2018 年 4 月第 1 版第 1 次印刷
ISBN 978-7-5473-1256-8
定　　价：38.00 元

东方出版中心邮购部　电话：(021)52069798

前　言

幼儿园教育活动资源建设的理论构想

《国家中长期教育改革和发展规划纲要(2010—2020年)》吹响了“基本普及学前教育”的号角,并要求“把提高质量作为教育改革的核心任务”,“加强优质教育资源开发与应用”;《国务院关于当前发展学前教育的若干意见》启动了“学前教育三年行动计划”。由此,我国学前教育迎来了发展的春天。

当聚光灯射向学前教育时,教育部《关于规范幼儿园保育教育工作,防止和纠正“小学化”现象的通知》不失时机地开始了学前教育的“自我矫正”程序,而《3—6岁儿童学习与发展指南》(以下简称《指南》)则掀起了我国幼儿园教育的“新一轮革命”。由此,我国学前教育进入了改革的“深水区”。

有目共睹的是,改革开放30多年来,幼儿园教育改革与发展的经验和教训,似乎均证明了一个朴素的道理:幼儿园教育必须以适宜于幼儿学习与发展的活动为基本形式,而资源是活动得以有效开展的基础和条件。从《幼儿园工作规程》(以下简称《规程》)到《幼儿园教育指导纲要(试行)》(以下简称《纲要》),幼儿教育界在这一点上基本达成了共识。

很显然,教育活动构成了幼儿园教育的核心。然而,幼儿园应该开展哪些教育活动?如何为其提供丰富的资源,使其有效地开展?时至今日,这两个基本问题不仅仍然困扰着一线教师,而且在学术界也没有达成真正的共识。

俗话说,巧妇难为无米之炊。长久以来存在的教育活动资源缺乏科学性、系统性、针对性、适切性、便捷性等问题,已经成为制约幼儿园教育活动有效开展的关键因素之一。在如火如荼的改革与发展形势下,要全面提高幼儿园教育质量,必须对教育活动资源建设展开研究,以期为教育活动的有效开展提供一个强有力的“支架”。

一、幼儿园教育活动资源建设的价值阐释

马克思指出:“价值,这个普遍的概念是从人们对待满足他们需要的外界物的关系中产生的。”价值所表示的是客观事物对人类社会的存在和发展所具有的作用和意义。幼儿园教育活动资源建设的价值,是说明其作用和意义的。

(一) 幼儿园教育活动资源建设有利于为幼儿的学习与发展提供多方面支持,促进幼儿的全面发展

一方面,建设大量丰富的,以具体形象、生动活泼、亲自参与为特征的幼儿园教育活动资源,可将幼儿真实地引入到幼儿园教育活动中;而适宜的、开放性的、社会和自然的教育活动资源,会给幼儿提供教材和配套教辅资料无法替代的信息刺激、感官刺激、思维刺激,这对幼儿身体机能、认知水平、社会性情感发展的价值是不言而喻的。

另一方面,当幼儿的真实生活成为教育活动情境,幼儿各自的态度、能力、知识等将会自然地呈现出来,成为幼儿间互动互补的依托,促成幼儿从被动学习走向主动探索。面对丰富的幼儿园教育活动资源,幼儿面临着如何获取信息,如何筛选信息,如何从这些信息中归纳出对解决问题有价值的信息等问题,需要学习如何行使自主选择活动及其相应资源的权利,学习如何认识自我、调整自我与激励自我——真正找到蕴藏于本体之中的教育主体的自我教育资源。这一过程将形成并强化幼儿处理信息的能力,并且逐渐培养幼儿独立学习的意识、能力和习惯,使幼儿真正学会学习,促成幼儿最终成为幼儿园教育活动资源的主体和学习的主人,学会主动地、有创造性地利用一切可用资源,为自身的学习、实践、探索性活动服务。

从这个意义上说,幼儿园教育活动资源建设能为幼儿表现潜能、发展个性、培养能力提供支持,并成为促进幼儿发展的基石;能使幼儿在任何需要的时候获得资源来满足学习与发展的需求,解决自己学习中的困难,成为有一定独立学习能力的人。

(二) 幼儿园教育活动资源建设有利于为教师组织各类教育活动提供专业引领,促进教师的专业发展

教师的专业发展是指作为社会职业人员的教师从接受师范教育的学生,到初任教师,到有经验的教师,到实践教育家的持续过程。幼儿园教育活动资源的建设,在给教师带来挑战的同时,也为其提供了专业发展的广阔舞台和良好契

机。通过资源建设的实践活动，教师将与自然和社会互动，不断地融入自然和社会生活，深化对自然、社会及人与自然、人与社会的关系的感悟，获得与他人分享智慧的机会和创造的广阔空间，赢得专业自主权和幼儿园教育活动决策权，摆脱对资源的无意识状态，实现认识上的飞跃。

作为教师专业发展的理想途径，幼儿园教育活动资源建设可以在以下几个方面促进教师的成长。

首先，幼儿园教育活动资源建设能促进教师专业能力的发展。教师的专业能力不是与生俱来的，而是来自创造性的实践活动。在资源建设的实践中，教师要改变支持幼儿的思路和方式，转变行为习惯和行为方式，要培养和施展自己的教育智慧，创造性地为幼儿提供支持和指导，从而不断提高专业水平。更为重要的是，教师要经历反复的操作等资源建设实践活动，这一过程可使教师的专业能力得到优化和发展。

其次，幼儿园教育活动资源建设能促进教师知识结构的优化。资源建设能促使教师将教育理论和教育实践联系起来，依靠专业知识解决问题。教师在解决问题的过程中不断反思和改进自己的实践，融专业服务和专业研究为一体，逐步形成自己特有的专业知识。同时，它还迫使教师关注自己专业以外的领域，接触各行各业的社会人士，从而使教师的社会知识和人际交往的经验有长足的发展。这样，教师的知识体系就会得到扩展和改进，最终实现知识结构的重整与优化。

再次，幼儿园教育活动资源建设能增强教师的合作意识。资源建设使教师的工作方式和指导学习的方式发生根本变化，使教师从个体走向合作，和幼儿、同事、家庭、社区进行沟通与联系，促进相互间的理解。在幼儿依托资源进行的学习中，教师指导的内容包括生活经验、基础知识等很多方面，几乎很难依靠一个人很好地完成对幼儿所有问题的全部指导工作，这就要求教师在关注幼儿教育走向的同时关注其他相关领域，从习惯于孤军奋战、独立完成资源建设任务转变为善于和其他教师一起合作，共同完成任务。因此，资源建设不仅是幼儿成长的有益途径，也是加强教师间的合作和凝聚力，提升教师专业形象，创造新型教师文化的重要途径。

最后，幼儿园教育活动资源建设能促进教师角色和工作方式的转变。在资源建设的实践中，教师将与幼儿一起获取知识，在建设过程中转变其传统的角色形象。教师将不仅是知识经验的提供者，也将成为幼儿获取知识经验的组织者

和合作者；不仅是知识经验的拥有者，也将同时变为一个学习者。各种教育资源特别是现代化的教育资源引入幼儿园教育活动，将极大地改变教师的工作方式。教师将不再只是教科书的被动讲授者、幼儿园教育活动的被动执行者，而是幼儿园教育活动目标的制订者、实施者，将主动、积极地参与幼儿园教育活动的全过程，实现工作方式的根本转变。

（三）幼儿园教育活动资源建设有利于防止和纠正“小学化”现象，促进园所的内涵发展

教育部明确规定：规范幼儿园保育教育工作，防止和纠正“小学化”现象，首先要遵循幼儿身心发展规律，纠正“小学化”教育内容和方式。幼儿园要遵循幼儿的年龄特点和身心发展规律，科学制订保教工作计划，合理安排和组织幼儿一日生活；要坚持以游戏为基本活动，灵活运用集体、小组和个别活动等多种形式，锻炼幼儿强健的体魄，激发探究欲望与学习兴趣，养成良好的品德与行为习惯，培养积极的交往与合作能力，促进幼儿身心全面和谐发展。其次要创设适宜幼儿发展的良好条件，整治“小学化”教育环境。幼儿园要创设多种区域活动空间，配备丰富的玩具、游戏材料和幼儿读物，为幼儿自主游戏和学习探索提供机会和条件。

科学、系统地建设幼儿园教育活动资源，就是贯彻落实教育部精神的重要举措。因为，它能为幼儿园各类教育活动的有效开展提供强有力和可持续性的保障系统，使幼儿的“学”和教师的“教”都有抓手，使幼儿园由仅以上“传统的课”为主转变为开展丰富的游戏和活动，从而从根本上防止和纠正“小学化”现象，全面提高教育质量。

幼儿园的内涵发展，表现为培养出来的孩子具有鲜明的个性和独创性，也意味着幼儿园要根据自己的园情开展体现园际差异的教育活动。而这，有赖于各个幼儿园独特的教育活动资源。因此，幼儿园和教师应对呈现多元形态的教育活动资源的作用和价值有清醒的认识，并不断加强资源建设，将传统意义上只是忠实地执行幼儿园教育活动计划的教师的“教”和幼儿的“学”，不断让位于师幼共同开发、整合、利用教育活动资源进行互教互学的过程。

资源作为幼儿园教育活动形成、发展、完善的基础和前提，其开发利用的范围和程度成为活动开展的基本保障——它是幼儿园教育活动目标达成的桥梁、活动顺利实施的条件和载体。资源建设对幼儿园的内涵发展、持续发展具有重要意义。

同时，幼儿园教育活动资源建设的过程，还将是动态地充分发挥整个幼教团队的人力和信息资源优势的过程，在此过程中能够实现园际之间的良好合作和优势互补，更将在园所间形成一个互相交流、取长补短、资源共享的平台，从而使缩小园所之间的办园差距成为可能。

二、幼儿园教育活动资源建设的内涵剖析

内涵，是指一个概念所反映的事物的本质属性的总和。本节拟通过剖析幼儿园教育活动资源建设的概念和范畴，来揭示幼儿园教育活动资源建设的本质。

(一) 幼儿园教育活动资源建设的概念

1. 幼儿园教育活动

活动，在《教育辞典》(朱作仁主编，江西教育出版社 1987 年版)里解释为人有意识、有目的地影响周围环境的过程。人的活动是有意识的活动，它总是指向一定的目标或对象。而以皮亚杰为首的心理学家认为，儿童发展在于其本身与外界环境相互作用的建构，儿童在其发展的早期阶段，其智力十分依赖于“某种外在的运动性质的操作”。也就是说，儿童早期发展的关键在于儿童与周围世界的交互活动。

幼儿园教育活动不仅应该包含教育辞典所指的活动的基本意义，还应包含心理学上的儿童发展观念。对此，《纲要》指出：“幼儿园的教育活动，是教师以多种形式有目的、有计划地引导幼儿(开展)生动、活泼、主动活动的教育过程。”这说明，首先，幼儿园教育活动是一种有目的、有计划的活动，其引导者是教师。其次，幼儿园教育活动还应是幼儿的主动活动，教育活动应满足幼儿的兴趣和需要，幼儿是活动的主体。再次，教育活动应有多种开展形式，从活动类型上，可分为集体教学活动、游戏活动、生活活动等；从组织形式上，可分为集体活动形式、小组活动形式和个体活动形式。

我们认为，可以这样对幼儿园教育活动进行界定：幼儿园教育活动是教师有目的、有计划地引导幼儿开展生动、活泼、主动活动的，以促进幼儿全面发展为目的的、形式多样的教育过程，它包括生活活动、游戏活动、区域活动、集体教学活动、亲子活动等。

2. 幼儿园教育活动资源

资源，系一国或一定区域内拥有的物力、财力、人力等各种物质与精神要素的总称。马克思、恩格斯指出，自然资源和人类社会资源同时存在。

本书中的幼儿园教育活动资源，指的是为幼儿园教育活动提供多方面支持所需要的可开发和利用的资源系统，如自然资源、社会资源等，它们可以人、物、活动、网络等为载体。换句话说，幼儿园教育活动资源是教育活动开展过程中可利用的一切人力、物力以及自然资源的总和，它们能保障幼儿园教育目标的实现和教育活动的顺利开展。因此，一切幼儿园获取方便、具体有效并有利于教育活动开展、有利于幼儿学习与发展的因素和材料都可称为幼儿园教育活动资源。

3. 幼儿园教育活动资源建设

建设，《现代汉语词典》(商务印书馆 2016 年第 7 版)解释为：创立新事业；增加新设施。本书中的幼儿园教育活动资源建设，主要指教育活动资源的科学开发与综合利用。其中科学开发就是寻找、创造一切有可能进入幼儿园，能够与幼儿园各年龄段各类教育活动联系起来的资源；综合利用则是赋予或挖掘资源的教育价值并将资源应用于教育过程的各种活动。我们认为，幼儿园教育活动资源的科学开发与综合利用是一体的两面，科学开发是综合利用的前提，综合利用是科学开发的目的，而科学开发的过程包含一定的综合利用，在综合利用的过程中也会促进进一步的科学开发。将科学开发与综合利用合为一体，我们称之为“建设”。

(二) 幼儿园教育活动资源建设的范畴

从理论上讲，幼儿园教育活动资源是无所不在、无时不有的，它并不局限于幼儿园内部，而是来源于广阔的自然、社会、文化环境与幼儿的实际生活之中，以多样化的表现形式存在于人们周围。但是，相对于人来讲，它是外在的、对象性的存在，不会自觉进入教育活动领域显示其潜隐价值，需要人们发挥主体意识，能动性地去开发和利用。因此，有必要对幼儿园教育活动资源划定一个大致的范畴以深化认识。

1. 人力资源

(1) 教师

首先，教师自身是最丰富的资源——其教育思想、教育伦理、思维方式、心理素质、价值观念、专业知识、专业技能、教育潜能、饱含生命力的生活经验与人生体验、人格魅力等重要的隐形资源，都能在教育活动过程中发挥、创造出比自身价值更大的新的教育活动资源。

其次，如果教师认识到资源建设的重要性，掌握资源建设的方法，注重资源建设的经常性和便捷性，那么教师间不仅可以共享资源，还能在有限的空间内，

充分利用资源，优化改进教育活动，并积极地开发资源来保证教育活动的顺利进行。事实上，有些教师甚至能够在资源紧缺的情况下，凭借自己对教育、对幼儿发展需要的解读，“化腐朽为神奇”，在活动中创造出活的教育素材和资源，供幼儿选择与分享，从而超水平发挥自身作为资源的作用，实现自身的独特价值。

因此，在幼儿园教育活动资源建设的过程中，要始终把教师队伍建设放在首位，通过对教师这一重要资源的突破来带动其他资源的建设。同时，幼儿园的支持人员包括保健医生、厨师、门卫和维修人员等，他们也发挥着资源的作用，也应该引起重视。

(2) 幼儿

幼儿拥有自己独特的存在形式或文化，他们不仅仅是教育的对象，更是最重要的资源之一。没有对幼儿这一具有内生性、生成性、鲜活性的教育活动资源的研究与尊重，没有将幼儿也当作一种重要的教育活动资源的意识，将会极大地影响资源建设，影响教育活动的开展。

如何理解幼儿中的教育活动资源？首先，幼儿的经验是一种资源。幼儿的经验是教育的起点。知识只有与幼儿的经验结合起来并最终内化为经验才是有价值的。教师要善于把幼儿已经掌握的和能够发现的信息作为资源，以使教育内容更丰富，更贴近生活实际，更贴近幼儿的兴趣爱好。其次，幼儿的兴趣是一种资源。兴趣是学习的动力，要想使教育获得成功，就要想办法将幼儿的兴趣与教育结合起来。再次，幼儿的差异是一种资源。幼儿在生活经验、兴趣、智能倾向上有差异，从逻辑上讲，差异可能导致两种状况：冲突和共享。幼儿之间可能会因为差异而形成冲突，但是如果引导得好，也可以共享差异，在差异中丰富和拓展自己——尊重、珍惜并善于把幼儿富有个性的思维方法、多样化的探索策略和探索成果作为一种资源加以利用，将更有利于幼儿的学习与发展。

(3) 家长

家长包括幼儿的父辈、祖辈亲属和监护人。家长中有各种人才，蕴涵着丰富的教育资源。

首先，家长的理解和支持是宝贵的资源。随着教育观念的更新和转变，充分发动家长参与幼儿园的教育活动，已逐渐成为一种教育常态。这样，家长的支持与理解就成为宝贵的资源，成为保证教育活动顺利开展的重要前提。

其次，家长各不相同的职业背景、爱好特长、人生经历等，是含量丰富、可开发与利用程度高的资源。家长们承担着不同的社会角色，有丰富的社会知识和经验，教师依据教育活动目标，与条件适合的家长联系，请家长直接参与活动的组织，与教师一起成为施教者，不仅可以使家园联系更加密切，优化家园同步教育，还可挖掘家长中的教育资源、发挥家长的教育潜能。

再次，幼儿家长特殊的社会关系是一种高效而难得的资源。特殊的社会关系使有些家长有能力请一些知名的科学家或艺术家到幼儿园来；有办法为幼儿园与辖区单位牵线搭桥建立某种联系，组织双向服务；有可能为幼儿园争取、筹集到教育资金或协调各方面关系，解决资源建设难题等。

目前，幼儿园越来越重视家长，但从总体上看，重视的主要是家长能为幼儿园提供哪些帮助和家长对幼儿园的评价，家长依然处于配合的地位。幼儿园尚未充分发掘家长中潜藏的教育活动资源。

(4) 社区人士

除了幼儿家长，居住在同一个社区的具有各种专业特长的居民、公职人员、企业界人士、专家学者等，都是可以充分利用的人力资源。他们可以在社区内为幼儿园办好事、办实事，如成立社区义工队、组织各种社区教育活动，为幼儿提供实践基地，向教师介绍前沿学术动态、为教育提供智力支持等，通过这些方式帮助幼儿园不断提高教育质量。

2. 物质资源

幼儿园教育活动物质资源是指以历史、现实和将来存在的物为载体的资源，即物化形态的资源。这类资源较多，只要是附载信息的物，如自然环境、教育活动时间和场地、教学设施和设备、玩教具和游戏材料、师幼读物等，都有可能成为此类资源，关键是要根据需要灵活开发和利用。这里仅谈谈玩教具、游戏材料的建设。

游戏是正在成长中的儿童最大的心理需求。儿童需要游戏，就如需要安全和食物一样。如果儿童能获得与其发展相适宜的游戏环境，那么游戏对儿童来说，就不只是“工作”或生活，还是主动、自觉及愉快的、有益的学习，是一种对社会、对自然的有益探寻，也是儿童接触社会文化的重要途径。因此，充足的游戏材料、适当的场地配置、数量与品种适宜的玩教具、自由摆弄玩具材料的时间和空间等支持游戏顺利进行的物质资源与隐性资源，是极其重要的教育活动资源。

幼儿园应改变玩教具、游戏材料等资源的提供仅仅是由资料室人员做好计划，购买后发放给班级使用的现状，在玩教具与游戏材料等资源建设上逐步做到

以下几点：充分挖掘自然资源和生活中废旧物品的教育价值，收集、整理后投放到班级，运用于各类教育活动中；根据不同班级主题活动的不同阶段配置资源，如发放一定数额的费用给教师购买各种书籍、材料等；同一年龄班的活动区材料可以资源共享；成立教育活动支持小组，外聘教育专家分析教师和幼儿的需要，在进行资源调查与分类的基础上建立资源库；设置资源室，陈列不同年龄主题活动所需要的材料和各种信息资料，以便教师自由取放等。

3. 社区资源

社区指“在一定地域形成的社会生活共同体”(《现代汉语词典》，商务印书馆2016年第7版)。社区为人们提供了社会交往的组织空间和活动区域；同时，社区对人的思想观念、行为规范、生活和发展有着深刻的影响。社区蕴藏着的丰富资源，其优势往往是幼儿园内的资源所不可比拟的。

(1) 社区物质环境资源

社区的文化基础设施如图书馆、体育馆等始终是幼儿教育的重要场所，如何最大限度地开发和利用以满足幼儿活动的需求，是资源建设过程中必须关注的。对幼儿来说，社区儿童活动场所、社区幼儿实践基地、工厂、农村、机关、部队、商场等，都是幼儿向社会学习的场所。这些单位在社区所辖范围内，与幼儿园建立长期的合作关系，可以为幼儿提供了解社会、从事实践活动的条件，充实幼儿园教育的内容，增强教育活动实效性。

(2) 社区民间艺术资源

有一定区域特征的民间艺术是一种大众的艺术形式，是最直接的来自生活、反映生活的艺术。形式多样化的社区民间艺术，如民间美术(民间绘画、手工、雕塑等)、民间音乐(民间歌曲、舞蹈、戏曲等)、民间文学(民间歌谣、故事、传说等)等，是最为鲜活的、不可或缺的幼儿园教育活动资源。

4. 网络资源

网络信息技术的发展，为幼儿园教育活动资源的开发利用提供了信息平台，各种类型的网络教育资源是幼儿园获得高质量数字化、信息化教育资源的途径。

由于网络信息一般都是以网页的形式存储在服务器中，所以网络资源往往依附于一定的网站。以信息处理数字化、存储光盘化、呈现方式多媒体化、传输网络化、学习资源系列化等为主要特征的网络教育资源，主要来自一定的教育网站和科普网站。因此，网络教育资源的质量是与其依附的教育网站的质量密切相关的。幼儿园要想获取高质量的网络教育资源应首先选择优秀的教育网站，

如科学育儿网(http://yuer.cbern.com.cn/)、中国学前教育研究会(http://www.cnsece.com/)等。

尽管网上教育资源库的种类有很多,但是,适合幼儿年龄特点的学习、交流方面的教育资源依然不足——主要是缺乏科学的、系统的、理论与实操兼顾的素材库以及使用资源的工具(如搜索引擎),且资源的更新不够,资源管理、检索系统也比较复杂。

随着信息技术的深入发展,网上教育资源建设的不足成为制约幼儿教育信息化发展的瓶颈,教师很难快速准确地找到所需要的资源,获取资源的效率较低。因此,应明确幼儿园教育活动网络资源库的建设目标,建立便捷的分类检索系统、资源档案系统和各类教育活动资源库,拓宽园内外教育活动资源及其研究成果的分享渠道,提高使用效率。

三、幼儿园教育活动资源建设的应然路径

路径,指到达目的地的路线。本书所指的幼儿园教育活动资源建设路径,主要涉及幼儿园教育活动资源建设应秉承的观念、应遵循的原则以及建设的基本步骤三个方面。

(一) 幼儿园教育活动资源建设应秉承的观念

观念是人们对事物的主观与客观认识的系统化之集合体。人们会根据自身形成的观念进行各种活动,如对事物进行决策、计划、实践、总结等。因此,观念具有主观性、实践性、发展性等特点。形成正确而清晰的观念,有利于做正确的事情,提高做事的水平和质量。对幼儿园教育活动资源建设而言,秉承正确而清晰的观念,有利于提高资源建设的水平和质量。

1. 需求观

幼儿园教育活动资源建设的目的,是要为各类教育活动服务,为幼儿的学习与发展服务,因而无论在内容上还是在功能上都应充分考虑幼儿园教育活动的需求,考虑幼儿学习与发展的需要,使幼儿园教育活动的开展有“支架”,使幼儿的学习与发展有抓手,使幼儿园教师和其他幼教工作者能方便及时地获取所需要的信息,使资源具有可利用性。在了解需求的基础上,必须进行需求分析,即结合实际情况,从专业的角度对需求信息进行科学的分析和表述。

2. 系统观

幼儿园教育活动资源建设是一个系统工程,牵涉不同类型的教育活动和

幼儿学习与发展的多方面需求，需要综合幼儿年龄特点、幼儿教育规律、政策法规、硬件配置、师资水平等来考虑各个因素之间的复杂关系，因而决定了幼儿园教育活动资源建设的系统性。幼儿园教育活动资源建设不仅要处理系统内各个子模块之间的结构关系，更要正确处理其与幼儿教育这个大系统中其他子系统之间的关系，只有真正实现了模块之间、系统之间的协调发展，幼儿园教育活动资源才能被高效地利用起来，这是避免重复建设而浪费资源的必要因素。

3. 规范观

幼儿园教育活动资源的建设必须符合幼儿教育的规律和特点，对年龄段、资源种类、呈现方式、文件格式等进行确定时要根据统一的规范标准，符合国家相关规定。由于各地区幼儿教育水平发展不一致，因而在幼儿园教育活动资源建设方面必然存在差异，只有按照相对统一的要求或标准建设资源，实现资源统筹、资源交流与共享才具有可行性，并与世界接轨。

4. 动态平衡观

幼儿园教育活动资源的建设并不是一步到位的，而是一个"缺失—供给—平衡—缺失—供给—平衡……"不断循环的动态过程，它和整个幼儿教育的发展是相辅相成的。随着幼儿教育水平的提高和幼儿教育需求的不断增加，幼儿园教育活动资源的功能和内容应该不断地完善和更新，以适应时代发展的要求。

(二) 幼儿园教育活动资源建设应遵循的原则

原则规范着人们的行为，是正确行动的依据、尺度和准则。幼儿园教育活动资源的建设不是随意而行的，同样需要一定的原则来规范。

1. 开放性原则

幼儿园教育活动资源的建设要以开放的心态对待人类创造的一切文明成果，尽可能开发与利用有益于教育活动的一切可能的资源。资源建设的开放性包括类型的开放性、空间的开放性和途径的开放性。类型的开放性，是指不论以什么类型、形式存在的资源，只要有利于提高教育质量和效果，都应是开发与利用的对象。空间的开放性，是指我国地域广阔，地区之间差别大，资源组合有所差异，不同地区间的幼儿园教育活动资源具有很强的互补性和动态交流的必然性，因此不论园内的还是园外的，城市的还是农村的，国内的还是国外的，只要有利于提高教育质量，都应加以开发与利用。途径的开放性，是指资源建设不应局限于某一种途径或方式，而应探索多种途径或方式，并且尽可能地协调配合使用。

2. 经济性原则

幼儿园教育活动资源的建设要尽可能用最少的开支和精力，达到最理想的效果，具体包括开支的经济性、时间的经济性、空间的经济性和学习的经济性。开支的经济性，是指用最节省的经费开支取得最佳效果，尽可能“少花钱多办事”“不花钱也办事”，不应借口资源建设而“大兴土木”，不计高昂的经济代价。时间的经济性，是指应尽可能开发与利用那些对当前教育活动有现实意义的资源，而不能一味等待更好的条件或时机，否则就会影响幼儿园教育活动的实施。空间的经济性，是指资源建设要尽可能就地取材，不应舍近求远，好高骛远。园内有的不求助于园外，本地有的不求助于外地。学习的经济性，是指尽可能开发与利用能激发幼儿学习兴趣的资源。

3. 针对性原则

幼儿园教育活动资源的建设是为了教育目标的有效达成，针对不同的目标应该建设与之相适应的资源。一般说来，每一种资源对于特定的目标具有不同的作用和功能，不同的目标就需要建设不同的资源。但是，由于资源本身的多质性，同一的资源又可以服务于不同的目标，所以，幼儿园教育活动资源的建设就必须在有明确目标的前提下，认真分析与目标相关的各种资源，认识和掌握其各自的性质和特点，这样才能保证资源建设的针对性及有效性。

4. 个性化原则

尽管幼儿园教育活动资源多种多样，但是相对于不同的地区、幼儿园、教师和不同类型的教育活动，可供开发与利用的资源具有极大的差异性。因此，资源建设不应强求一致，而应从实际出发，发挥地域优势，强化园本特色，区分活动特性，展示教师风格，扬长避短乃至补短。资源建设本身就是一项极具创造性的实践活动，每个地区的资源都是独特而丰富的，因为不同区域、不同民族的文化是有差异的，从本地资源中开发出更多可利用的教育因素，既要保持文化的独特性，同时又要引导幼儿学会理解和尊重多样文化。

（三）幼儿园教育活动资源建设的基本步骤

步骤，指事情进行的程序、次第。幼儿园教育活动资源的建设步骤，指的是为了达到教育目的所设计的资源建设的程序。我们认为，应按照“团队组建—调研论证—方案设计—资源收集、遴选与研发—推广应用—评价反馈—持续更新”的路径来展开幼儿园教育活动资源建设，具体步骤见下图。

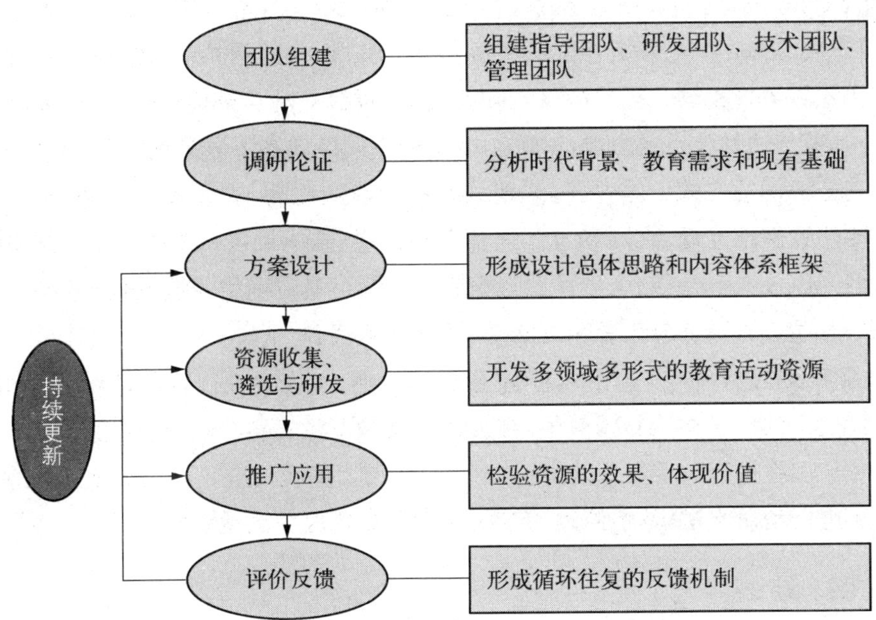

从上图可以看出，幼儿园教育活动资源建设是一个滚动发展、不断充实的过程，同时需要注意以下几点：

第一，在开展调研论证时，要认真领会《规程》《纲要》《指南》等政策精神，全面了解儿童学习与发展的研究成果，全面调查城乡各类幼儿园的教育活动资源需求情况，形成资源建设整体方案，规划并确定资源建设的具体内容，如根据各类教育活动需求，全面建设生活活动资源、区域活动资源、游戏活动资源、集体教学活动资源、亲子活动资源等。每类资源分利用和开发两个维度，每个维度又分别从内容、与内容相关的配套资源、活动设计与实施策略方面展开研究，构建资源库。

第二，在进行方案设计时，应注意系统设计、整体解决。即要构建起既能满足幼儿学习与发展需要，又能契合当前广大教师实际专业发展需要的整体解决方案。为此，要整体建设生活、区域、游戏、集体教学、亲子等活动资源，以最大限度地支持和满足幼儿通过“直接感知、实际操作和亲身体验”获取经验的需要，最大限度地支持和满足教师专业成长的需要。

第三，在进行资源收集、遴选与研发时，首先应注意合作共建、资源共享。即采取多方合作共建模式，最大范围地汇集幼儿园、高等院校、教科研机构的人力和社会资源，共同开展资源收集、整理工作，并采用原创、改造、组合、借鉴、选用相结合的方法，全面系统地建设符合不同年龄段幼儿身心发展特点的资源，形成内容充实、形式多样、贴近实际的资源体系。其次，要把握共性、体现特色。根据《纲要》“城乡各类幼儿园都应从实际出发，因地制宜地实施素质教育”的要求，在建设具有普适性特点的资源的同时，应兼顾不同区域和不同等级、类别园所的需要，充分考虑幼儿的个体差异，体现共性和个性的结合、普适和特色的统一。再次，要注意网络互动、共同参与。即开发网络平台，为幼儿园提供检索、查询、下载、咨询以及业务指导、人员培训等服务。教师可通过网络便捷地找到所需要的资源，并通过讨论、交流、展示等活动，不断丰富资源。

第四，在进行推广应用时，应注意推荐使用、实践检验。即将建设的资源推荐给城乡各级、各类幼儿园使用，在实践中检验资源的科学性、适宜性。

第五，在进行评价反馈时，应注意调整完善、持续改进。即根据实践检验情况，采用行动研究法，不断修改、完善、丰富幼儿园教育活动资源体系。

四、结语

“幼儿园教育活动资源建设”课题组历经近十年的预研究和三年的开题研究，汇集学前教育行政、教研和一线幼儿园的各类优秀教育活动资源，形成了《幼儿园教育活动资源建设研究丛书》。本丛书以全面贯彻落实《3—6 岁儿童学习与发展指南》精神、服务于幼儿园各类教育活动的实施为宗旨，内容涵盖幼儿园各领域集体教学活动、各类游戏活动、各类区域活动、各类生活活动、各类亲子活动以及班级管理活动及其相应资源，共计 12 册。丛书编著的具体分工如下：

湖南省教育科学研究院基础教育研究所学前与特殊教育研究室副主任、特级教师周丛笑担任丛书主编，负责确定 12 册的编写思路，拟定 12 册的目录、提纲及编写体例，进行 12 册书稿的统稿与修改，并撰写丛书前言《幼儿园教育活动资源建设的理论构想》；湖南省株洲市芦淞区芦淞教育幼稚园园长肖瑛、湖南省株洲市教育科学研究院幼教教研员邓艳共同担任《直击〈指南〉幼儿园游戏活动》的编著工作；湖南省长沙市芙蓉区教育局德政园幼儿园园长罗霞担任《直击〈指南〉幼儿园区域活动》的编著工作；湖南省怀化市新晃县幼儿园园长、特级教师李奕担任《直击〈指南〉幼儿园生活活动》的编著工作；湖南省军区幼儿园书记杨燕、湖南省湘潭市教育科学研究院幼教教研员陈丹共同担任《直击〈指南〉幼儿园亲子活动》的编著工作；湖南省人民政府直属机关第三幼儿院院长刘娟担任《直击〈指南〉幼儿园健康教学活动》的编著工作；湖南大学幼儿园园长、特级教师肖晓

敏担任《直击〈指南〉幼儿园语言教学活动》的编著工作；湖南省长沙市岳麓幼儿教育集团第一幼儿园园长杨立群担任《直击〈指南〉幼儿园社会教学活动》的编著工作；湖南省长沙市人民政府机关第三幼儿园园长陈浩军担任《直击〈指南〉幼儿园科学教学活动》的编著工作；湖南省长沙市雨花区教育局第一幼儿园园长、特级教师邓益云担任《直击〈指南〉幼儿园数学教学活动》的编著工作；湖南省人民政府直属机关第一幼儿院院长罗红辉担任《直击〈指南〉幼儿园音乐教学活动》的编著工作；湖南省长沙市岳麓幼儿教育集团第二幼儿园园长向松梅担任《直击〈指南〉幼儿园美术教学活动》的编著工作；湖南省长沙市岳麓幼儿教育集团第八幼儿园园长彭青青担任《直击〈指南〉幼儿园班级管理》的编著工作。

和其他课程资源一样，本丛书涉及的幼儿园教育活动资源建设基本属于“预设”，不可能包括全部内容，也不可能适应所有园所、班级、教师、幼儿。同时，幼儿教育的对象是千变万化的，幼儿园教育活动的过程也是千变万化的，再好的预设也不可能预见教育过程中可能出现的所有情况。苏霍姆林斯基曾言：教育的技巧并不在于能预见教学的所有细节，而在于能根据当时的具体情况，巧妙地作出相应的变动。教师只有把关注的焦点真正放在幼儿身上，思考幼儿在做什么、需要什么，在教育过程中放手让幼儿活动，才能真正彰显幼儿的主体性。因此，在资源建设及教育活动过程中，教师要灵活应变，以更好地适应实际的教育活动需要。为了驾驭好这一过程，教师的教学基本功、教育机智、知识结构等都要进一步加强或改善。

周丛笑

2017 年 8 月

目　录

第一章

幼儿园亲子活动概述

亲子活动，一个并不陌生的话题。随着《纲要(试行)》《指南》《规程》的颁布与实施，亲子教育作为家园共育的重要形式已然存在。各个园所都在跃跃欲试，看似热闹的背后，也出现了各种问题，让我们这些实践者产生了诸多的思考：为什么要开展亲子活动？它的价值与意义何在？如何结合有效资源开展不同类型的亲子活动，以便更好地促进家园共育工作？经常性地回头看，是一线教育工作者避免盲目跟风，得以理性看待自己的教育行为的重要方式。

一、问题的提出

(一) 幼儿园亲子活动的现状

追溯亲子活动的历史，最早开展的国家和地区距今也只有几十年，我们国家开展的时间则更短，理论与实践的支持甚少，因而造成了亲子活动在园所中“开展容易，发展难”的尴尬现象。随着“亲子教育”意识的深入，由幼儿园组织的亲子活动，在幼儿教育发展中正发挥着不可估量的作用，让幼教工作者和家长们尝到不少甜头。与此同时，许多实践中的问题也日渐浮现。

1. 各级主管部门对亲子活动的重视不够

专项资金投入很少甚至没有。缺乏幼儿园亲子活动开展的专项要求，没有形成科学系统的体系。

2. 家长参与意识与教育意识不够

未得到家长的积极认同，绝大部分参与人员只是被动参与，且父亲很少参与其中；家长观念不正确，往往活动中一手包办或控制幼儿，不明确教育价值，不知如何引导与评价幼儿。

3. 教育工作者专业程度不够

从教师的理论认知来看，他们对亲子活动开展的意义与价值认识不明确。教师在进行亲子活动指导时，对幼儿发展的观察不够，对家长的指导不够。

从亲子活动实施的情况来看，第一，教师对于活动的开展缺乏主导性。一般是按园长要求执行，教师很少根据班级或孩子的发展需求开展活动。第二，内容陈旧，形式单一。多数幼儿园的亲子活动是运动会或者“六一”汇演，多涉及社会领域和健康领域，而健康领域以体育活动为主，其他领域和综合活动较少。第三，亲子活动的时间、地点缺乏科学系统的安排，物质准备匮乏。多数幼儿园的亲子活动仅仅是在“六一”、新年等节日期间开展，不仅次数少，而且活动地点基本是在园内或班内，教具质量和种类远没达到亲子活动实际开展的需要。

因此，建设丰富的亲子活动资源，科学合理地开展幼儿园亲子活动成为发展中亟待解决的新问题。

（二）幼儿园亲子活动的概念内涵

1. 幼儿园亲子活动

亲子活动，顾名思义，就是由家长和幼儿共同参与、相互合作进行的一系列活动。[1] 广义上可以理解为带有血缘关系的亲子之间（父母与幼儿、长辈与幼儿）开展的各种类型的活动。[2]

张子生认为，亲子活动是儿童活动的一种重要形式，是指父母与子女间或祖父母与孙子女之间的游戏行为，它是以幼儿为主体，家长为主导，家庭为单位而进行的。[3]

陈幸军认为，亲子活动是幼儿园为促进家长对幼儿园课程与教育的理解，加强与幼儿之间的情感联系，增进家长与幼儿、家长与幼儿园的交流、沟通与合作而专门组织的一类教育活动。[4]

何秀英认为，幼儿园亲子活动是幼儿园亲子教育的主要实施途径，它是由幼儿园创造一定的条件，以教师为主导，教师与家长共同组织幼儿活动的一种幼儿园教育方式。[5]

---

[1] 韩幼萍.大型户外亲子活动与提高婴幼儿家长教养水平[J].宁波大学学报（教育科学版），2008，2：142.

[2] 屠小丽.寄宿制学校亲子教育谈[J].班主任之友（小学版），2009，7：7.

[3] 张子生.对亲子活动中所存在问题的思考[J].吉林教育，2010，8：113.

[4] 陈幸军.幼儿教育学[M].北京：人民教育出版社，2010：383－384.

[5] 何秀英.关于幼儿园亲子活动教育价值的思考[J].教育导刊，2005，3：54.

冼春菊认为，幼儿园的亲子活动是根据不同年龄的需要与特点，在专业人员指导下，有目的、有计划、有组织地以家长、幼儿为共同的教育对象，即家长、孩子共同参与的主题性教育。[1]

沈健成在其主编的《学前教育学》一书中认为，广义的亲子活动是指幼儿和大人(主要是家长)一起参加的活动。从教育发生的空间来说，亲子活动既包括学前教育机构的亲子活动，也包括家长在家庭、社区等学前教育机构外的亲子活动。他认为，学前教育机构的亲子活动是指教师组织家长和幼儿共同参与的活动，它是一种有助于增进教师与家长、家长与幼儿情感交流，加强教师与家长对幼儿的共同了解以进一步提高教育效益的活动形式。[2]

本研究中所指的幼儿园亲子活动是家园共育的重要途径和组织形式，是为增进教师与家长、家长与幼儿、教师与幼儿之间的交流与合作，在遵循幼儿身心发展特点的基础上，由幼儿园创设特定条件，由教师主导，教师与家长共同组织的、亲子参与的教育活动。

2. 幼儿园亲子活动资源

资源，是指生产资料或生活资料的来源，可以分为自然资源和社会资源两大类。本研究中所指的幼儿园亲子活动资源是为幼儿园亲子活动提供多方面支持所需要的可开发和可利用的资源系统，包括自然资源和社会资源，它们以人、物、活动、网络为载体。

3. 建设

建设一般指创立新事业或增加新设施；也指组织的建立和整顿或思想的教育和提高。本研究中的建设特指幼儿园亲子活动资源的科学开发和综合利用。

(三) 幼儿园亲子活动研究的意义与价值

1. 落实教育法律法规的需要

《中华人民共和国教育法》《未成年人保护法》等以法律的形式规定了成人对儿童权利的保护：“未成年人的父母或者其他监护人应当为其未成年子女或者其他被监护人受教育提供必要条件。未成年人的父母或者其他监护人应当配合学校及其他教育机构，对未成年子女或者其他被监护人进行教育。学校、教师可以

---

[1] 冼春菊.家园联手共建亲子教育机制新模式[J].现代阅读，2011，7：67.

[2] 沈健成.学前教育学[M].上海：复旦大学出版社，2008：162-163.

对学生家长提供家庭教育指导。”

《九十年代中国儿童发展规划纲要》提出，要“发展社区教育，建立起学校（托幼园所）教育、社会教育、家庭教育相结合的育人机制，创造有利于儿童身心健康、和谐发展的社会和家庭环境”。

《幼儿园教育指导纲要（试行）》指出，“幼儿园应与家庭、社区密切合作，与小学相互衔接，综合利用各种教育资源，共同为幼儿的发展创造良好的条件”。

以上法律、法规都规定了幼儿是被教育、被保护的对象，教师和家长肩负社会职责，是幼儿责无旁贷的教育者和维护者。因此，幼儿园亲子活动研究要通过对“幼儿园亲子活动资源”的开发、建设，为履行这一庄严的社会责任提供操作基础。

2. 实践教育名家家园共育理念的需要

美国学者布朗芬布伦纳（U. Bronfenbrenner）创建的生物生态学理论认为，儿童的发展受到与其有直接或间接联系的生态环境的制约，要从幼儿园与家庭和社区的相互关系来研究影响儿童发展的因素，以优化儿童成长的环境。[1]

美国学前教育专家埃斯萨（E. L. Essa）等人提出的自我概念理论指出，儿童生活的环境是由家庭、学校、社区三个同心圆组成，家庭、学校、社区的密切合作有助于儿童形成积极的自我概念，应密切成人与儿童之间的友好关系，促进儿童自尊心、自信心的发展。[2]

美国教育家加德纳（H. Gardner）提出的多元智能理论认为，在每个儿童身上都不同程度地表现出语言智能、逻辑数学智能、空间智能、音乐智能、人际关系智能等九种智能，教育工作者只有加强学校和社区、家庭之间的联系，为儿童创建一个开放的、支持的环境，才能发展儿童的智能强项，改进儿童的智能弱项，促进儿童心灵全面而充分地成长。[3]

以上理论都认为家庭、学校、社区的密切合作有助于幼儿在优化的环境中身心健康地成长。

“幼儿教育之父”福禄贝尔（F. W. A. Fröbel）强调，“学校和家庭的一致，家庭生活和学校生活的一致，是这一时期完善的教育的首要和不可少的条件”。[4]

在瑞吉欧教育中，作为教育对象的幼儿是在爱的包围下主动认知和感受世

---

[1] 李丽.布朗芬布伦纳的人类发展生态学理论对幼儿教育的影响[J].新校园.中旬刊，2014，51：51.
[2][3] 李生兰，幼儿园与家庭、社区合作共育的研究[M].上海：华东师范大学出版社.
[4] 李晓梅.福禄倍尔的家园共育思想对我国幼儿教育的启示[J].甘肃高师学报，2012，3：73.

界，主动建构自己的知识体系、发展社会关系的“自由人”，这种爱的氛围是教师和家长、幼儿园和社区合作为幼儿营造的。

我国著名幼儿教育家陈鹤琴认为，“幼稚教育是一种很复杂的事情，不是家庭一方面可以单独胜任的，也不是幼稚园一方面能单独胜任的，必定要两方面共同合作方能得到充分的功效”。[1]

综上，古今中外教育名家都认同家园共育对幼儿的健康成长具有重大影响，以及家庭、社区、幼儿园相互合作对幼儿成长的重要性，由此可见开展亲子活动、进行家园共育，不仅有益于儿童身心全面和谐的发展，也是与世界学前教育接轨、顺应世界潮流之举。

3. 适应幼儿教育现实发展的需要

幼儿园亲子活动要以活动资源为载体，在游戏互动中实现三育，即育幼儿、育家长、育教师，使教师、幼儿和家长在三方共同参与的活动中，在原有水平上得到提高：家长的育儿知识和教育能力在亲子活动中得到锻炼；教师在与家长合作的过程中，不断有针对性地修正自己的教育内容和教育方法；幼儿在家长和教师共同营造的宽松、愉悦、安全的环境中，接受目标一致的教育，逐步建立对环境的信任和依赖，培育良好的情感。

(1) 幼儿身心发展的需要

家长的到来，能让幼儿感受到幼儿园如家庭般温暖，会产生更强的安全感和大胆探索的勇气；教师与家长同时关注会让幼儿产生较强的成就动机；幼儿在安全的心理氛围下，易于产生自由感，乐于与同伴互动，进行合作学习；通过和家长的互动交流，体验到与父母一起活动的快乐，增进亲子之间的感情。

(2) 家园优势互补的需要

充分发掘、利用家长和社区资源，有助于实现幼儿园教育与家庭、社会教育的优势互补。幼儿园、家庭有各自的优势，且都是对方所不能替代的。幼儿园是专门的教育机构，幼儿教师是专职的教育工作者，懂得幼儿身心发展的特点和规律，掌握科学的幼儿教育方法，他们对幼儿的教育是有目的、有计划和有组织的。而家长与幼儿间特有的血缘关系、亲情关系使得家庭教育具有强烈的感染性、长期性和针对性。引入家长的教育资源，最大程度地发挥其作用，有利于形成教育合力，促进幼儿健康发展。

---

[1] 李玉莲，张文芳.用陈鹤琴幼儿教育思想指导家园共育[J].甘肃高师学报，2006，3：38.

(3) 家长理念更新的需要

亲子活动的意义和价值重在更新家长观念，构建紧密的教育共同体。家园共同目标就是让幼儿在充满爱的环境中健康成长，因爱而行，两个不同的角色自然走在一起。但许多一线教师仍然频频向我们诉苦，家园虽然目标一致，但部分家长教育观念有些滞后，小学化倾向导致家长对园所课程不理解与不认可，尤其是民办园与农村园的幼儿家长尤为突出。大家都知道，世界上最难的事情就是把自己的思想装进别人的脑袋。如何更新家长的教育观，将正确的教育思想根植于家长心中，我们认为，唯有通过科学有序的互动式亲子活动才能逐步达到。家长通过亲子活动了解幼儿在园的生活、学习情况；了解幼儿的发展水平，方便与教师沟通，有的放矢地进行家园合作；了解教师工作，增进与教师之间的互相信任；通过与幼儿的互动、合作，增进亲子间的感情。同时，活动中家长之间也可以彼此交流育儿经验，形成融洽的关系。

(4) 教师专业提升的需要

增进与家长之间的互动，教师与家长可以更好地形成教育的一致性；教师可以更全面地了解幼儿的个体发展特点和个体需要，还可以及时了解家长的儿童观、教育观及对幼儿指导的方式方法，有助于及时调整自己的教育理念与方法，更好地做到因材施教。

(5) 幼儿教育活动资源补充的需要

目前，幼儿教育正是面临提质转型的重要时期，幼儿园的工作重点必将通过高效、生动的活动来落实。相较于亲子活动的理论研究，具体、系统、可操作的亲子活动资源少之又少，亟须补充。

二、研究综述

亲子教育是20世纪末在美国、日本等地兴起的研究父母与子女关系及教育的一个新兴课题。

(一) 国外研究现状

1. 亲子游戏的价值研究

国外大量的研究成果表明，亲子游戏在促进儿童成长，尤其是心理成长方面具有极其重要的价值。

亲子游戏可以促进儿童认知能力的发展。鲍尔和帕克(T. G. Power & R. D. Park)指出，父母与婴儿之间的游戏能唤起婴儿的注意，从而促进婴儿的

持续活动和探究行为；塔米斯-莱蒙达和伯恩斯坦（C. S. Tamis-LeMonda & M. H. Bornstein）的研究表明，亲子间的假想游戏有利于儿童建构其对社会的认识；斯特罗姆（R. D. Storm）通过对 3 600 位 13 岁以下儿童的父母进行调查发现，亲子游戏具有许多特殊的意义，它有助于儿童增长见识、拓宽视野，比儿童在伙伴游戏或单独游戏中学到的东西要多得多，父母重视孩子的游戏并参与其中有助于孩子创造力的发展。雷米（S. L. Ramey）认为，亲子之间的互动经验对儿童的认知发展起到基础的引导作用，因为这种互动鼓励儿童探索，引导儿童练习和发展新的技能，提供丰富的有回应的语言环境。[1] 伍德（C. Wood）认为，在家庭中亲子之间的联合活动，有助于幼儿早期阅读能力的发展，研究显示，亲子之间频繁的联合活动对幼儿的阅读素养、词汇、记忆和语音意识方面有重要的影响。[2] 此外，周（X. Zhou）也研究发现，在家庭中亲子之间的联合活动（比如阅读活动、数学活动）的频率和质量，对儿童数学的发展有很大的积极影响。[3]

亲子游戏可以促进儿童社交能力的发展。亲子活动有助于儿童建立、维持、发展与他人的社会关系。费根（J. Fagan）和多尔（M. M. Dore）对亲子游戏中母亲的反应类型及其对幼儿的影响进行研究发现，忽视型母亲在游戏中与孩子互动不积极，与非忽视型母亲的孩子相比，忽视型母亲的孩子发展适应性较差。亲子游戏也与儿童和陌生人及同伴交往中表现出的社会性行为特征有关。[4] 鲍曼（E. Baughman）和达尔斯特伦（W. Dahlstrom）在对美国黑人家庭的调查中发现，经常与孩子一起游戏、生活愉快的父母在促进孩子的社会性发展方面起着重要作用，而那些缺乏与父母一起游戏的机会、生活不愉快的孩子在游戏中则不善于与他人交往。[5] 麦克唐纳（K. Mac-Donald）和帕克（R. D. Parke）选取 27 名 3—4 岁的儿童，对其与父母在家长开展的游戏进行拍摄，并根据幼儿园教师的观察与评价确定被试儿童在幼儿园中受同伴欢迎的程度。结果发现，父亲积极发起并参与儿童游戏，尤其是体育游戏，母亲参与并指导儿童游戏，都与儿童的

---

［1］ RAMEY S L. Early Education with Disadvantaged Children-to What Effect［J］. Applied and Preventive Psychologu，2002，1：131 - 140.

［2］ WOOD C. Parent-child Pre-school Activities Can Affect the Development of Literacy Skills［J］. Journal of Research in Reading，2002，25(3)：241.

［3］ ZHOU X. Parent-child Interaction and Children's Number Learning［J］. Early Child Development and Care，2006，176(7)：763.

［4］ FAGAN，DORE M M. Mother-Child Play Interaction in Neglecting and Non-neglecting Mother［J］. Early Child Development and Care，1993，87：59 - 68.

［5］ Bronman B. L. The Early Years in Childhood Education（2nded）［M］. Houghton Mifflin Company，1982：368.

同伴交往能力呈正相关，这些儿童在幼儿园中普遍受到同伴的欢迎，并且有一定的交往技巧[1]。

亲子游戏可以促进儿童良好情绪情感的发展。约翰逊(J. E. Johnson)指出，婴幼儿与成人的社会游戏包含相互的参与、轮流和重复的动作，如来回推拉玩具、扮鬼脸等。这其实是一种社会互动，并以游戏的方式在进行，不论是语言表达还是非语言表达都处在一种愉快、欢笑的气氛中有助于婴幼儿良好情感的发展。[2] 斯特恩(D. Stern)强调，早期的亲子游戏蕴含一种情感调整的过程——即如何跟他人一起玩并分享快乐，这种情感调整过程对于婴幼儿来说是充满乐趣的。大量研究证实，愉快的、相互参与的互动正是良好的亲子关系的特征，有助于婴幼儿形成积极的安全依恋。[3] 此外，父母参与幼儿的游戏，能够站在幼儿的立场去审视世界，学会怎样与幼儿进行积极有效的沟通，有助于为幼儿提供更为合适的教养策略。不善言辞的幼儿可以通过游戏表达他们的观点，增加体验，感受挫折，也让他们的父母有机会更充分地了解他们的观点。[4]

亲子游戏还可以促进亲子依恋，对形成良好的亲子依恋具有积极的意义。研究者(S. B. Crawley & Tronick)发现，母亲的游戏性与第一年末婴儿依恋的性质密切相关。经常与婴儿游戏，而且明显地表现出对这种游戏喜爱的母亲，最有可能成为安全依恋婴儿的母亲。[5]

2. 亲子游戏的影响因素研究

国外研究者认为，儿童的游戏行为受儿童性格特征的影响，但家庭因素，尤其是父母对儿童的游戏行为具有很大影响。

父母的游戏性越高，在亲子游戏中的情感表达和游戏刺激越积极，儿童对父母的反应及游戏行为就会越积极。斯特恩(D. Stern)的研究指出，对于婴儿来说，父母不同的刺激所引发的游戏行为可以使婴儿处于一种最佳的清醒状态，促

---

[1] MacDonald K & Parke R. D. Bridging the Gap: Parent-Child Play Interaction and Peer Interactive Competence[J]. Child Development, 1984(55): 1265-1277.

[2] 〔美〕Johnson J. E.儿童游戏——游戏发展的理论与实务[M].郭静晃译.台北：扬智文化公司，1993：56-57.

[3] MacDonald K. Parent-Child Play: Descriptions and Implications[M]. State University of New York Press, 1993: 131.

[4] GINSBURG K R. The Importance of Play in Promoting Healthy Child Development and Maintaining Strong Parent-Child Bonds[J]. American Academy of Pediatrics, 2007, 119(1): 185.

[5] 转引自：刘炎.儿童游戏通论[M].北京：北京师范大学，2008：291.

使婴儿对外界的社会信息作出反应，加强婴儿与社会之间的联系。[1] 克劳利(S. B. Crawley)等人对父母与其5—8个月大的婴儿在实验室中的游戏进行观察，发现母亲的积极游戏行为可以激发婴儿与母亲进行更多的视线交流并引发他们微笑。[2] 塔米斯-莱蒙达(C. S. Tamis-LeMonda)和伯恩斯坦(M. H. Bornstein)的研究表明，父母对亲子游戏的影响最重要的因素是其示范行为和发起活动行为。例如，母亲用玩具电话假装拨打电话，然后把玩具电话放到婴儿面前，示意婴儿去拨打电话。母亲的这种行为具有重大的意义，它为婴儿的游戏行为提供了范例，可以激发婴儿积极地与母亲进行游戏。[3] 尤其是在象征游戏中，母亲自身的游戏行为(如手势、语言及对游戏活动的解释)越积极，婴儿也就越喜欢象征游戏。[4]

父母的社会经济地位和文化程度同样对亲子游戏具有一定的影响。邓恩(J. Dunn)和伍丁(C. Wooding)发现，中产家庭的父母会比低收入家庭的父母更多地参与儿童游戏。[5] 萨顿-史密斯(B. Sutton-Smith)和鲁普纳瑞(J. Roopnarine)等人的研究表明，父母社会经济地位低，亲子游戏的发生频率和水平也较低，这些家庭往往摆满了物品，孩子没有足够的空间去游戏。[6]

此外，幼儿的性别、年龄等因素，也是影响父母参与游戏的重要因素。林塞(E. W. Lindsey)和迈兹(J. Mize)研究了父子游戏，发现父亲与儿子之间的体育游戏比与女儿之间的体育游戏的次数要多。[7]

在亲子互动中母亲与父亲性别角色的差异，也会影响亲子游戏的类型和质量。首先体现在父母会根据孩子的性别为他们选择玩具，并在孩子玩具的选择

---

[1] Rubin k. h., Fein. G. G & Vandenberg B. Play. In Mussen, P. H. (Ed.) Handbook of Child Psychology (4th ed): Socialization, Personality and Social Development (Vol, IV)[M]. New York: Wiley, 1983: 715-716.

[2] Gottfried A. W. & Brown C. C. Play Interaction: the Contribution of Play Materials and Parental Involvement to Children's Development[M]. Johnson & Johnson Baby Products Company, 1986: 286.

[3] Tamis-LeMonda C. S. & Bornstein M. H. Habituation and Maternal Encouragement of Attention in Infancy as Predictors of Toddler Language, Play and Representational Competence[J]. Child Development, 1989(60): 738-751.

[4] Damast A. M., Tamis-LeMonda C. S. & Bornsrein M. H. Mother-Child Play: Sequential Interactions and the Relation between Maternal Beliefs and Behaviors[J]. Child Development, 1996(67): 1752-1766.

[5][6] 〔美〕Johnson J. E.儿童游戏——游戏发展的理论与实务.郭静晃译.台北：扬智文化公司，1993：29，48.

[7] LINDSEY E W, MIZE J. Contextual Differences in Parent-Child Play: Implications for Children's Gender Role Development[J]. Sex Roles, 2001, 44(3/4): 155-176.

上进行干预。父亲、母亲在亲子互动、亲子游戏中的角色是不同的，这种不同主要体现在父母在与孩子互动的时间上的投入、父母偏爱的游戏种类以及对待孩子的方式上。研究发现，父亲更倾向于和幼儿玩有对抗性的体育游戏。[1]

3. 亲子游戏的跨文化性研究

亲子游戏的跨文化性，一方面是指亲子游戏的基本形式具有普遍性。霍恩(V. Hoorn)对中国、墨西哥、菲律宾、美国等不同文化背景国家中的亲子游戏的研究表明，尽管文化背景不同，但80%的亲子游戏都源于传统的游戏形式或者稍加改变，而且游戏的方式方法均有相同之处，如都包含身体接触、视线交流、谈话、微笑、简单重复的歌谣、仪式化的重复动作(如拍打、摇摆、抓痒等，动作速度适中并有节奏感)。[2] 跨文化性的另一方面是指亲子游戏的发展趋势具有一致性。首先，婴儿扮演被动的角色，而且当父母同他们玩时，表现出享受和注意；大约8个月大时，婴儿开始采取主动的角色；12个月大左右，婴儿开始主动发起和建构游戏，对父母表现出“我要和你玩”的意愿；到了两岁，父母在游戏中的角色从直接参与者逐渐转变为专注的旁观者。[3]

4. 亲子活动的主要形式研究

学前游戏小组是英国学前教育中的特有现象，家长的参与是这一活动最有意义的一个方面。在学前游戏小组里，家长的作用是非常重要的——他们发起、计划、组织并参与孩子的活动。游戏小组为儿童提供游戏伙伴、游戏时间和空间，为父母，特别是母亲提供交流、学习的机会，使成千上万的家庭能从中获益。父母通过定期参加儿童的游戏，能了解自身的教育价值，提高自信心，在家庭中更好地教育儿童，增强作为教育者的作用。[4] 德国、芬兰、南非、以色列、澳大利亚、新西兰等国家，都有不同形式的游戏小组或是游戏中心，给家长和儿童提供游戏的机会，父母们可以和孩子们一起游戏，在活动中加强了解、增进感情。[5]

在德国，自1987年开始，父母们自发在家庭之间开展互帮互助的活动，到1990年，已在全国范围内建成了一个规模庞大的家庭互助联网系统，把不同的

---

[1] Ivrendi A, Isikoglu N. A Turkish View on Fathers' Involvement in Children's Play[J]. Early Childhood Research Quarterly 2006, 21: 507 - 508.

[2] MacDonald K. Parent-Child Play: Descriptions and Implications. State University of New York Press, 1993: 56.

[3] 〔美〕Johnson J. E.儿童游戏——游戏发展的理论与实务.郭静晃译.台北：扬智文化公司，1993：116 - 117.

[4] CROWE B. The Playgroup Movement. New York: Rutledge, 2007: 1 - 6.

[5] 李生兰.比较学前教育[M].上海：华东师范大学出版社，2010：203,217.

机构(如儿童中心、儿童保育机构、儿童急救护理机构、亲子游戏小组、父母儿童之家、父母儿童协会、单亲父母小组等)全部协调起来,共同为儿童生存发展提供优质服务。家长可以参加幼儿园的各种活动,不仅是作为客人参加,更是以活动实施者的身份参加。[1]

在瑞典,设有学前教育活动中心,学前儿童在父母、保姆的陪伴下,每周来此参加几次活动。这些活动都由教师设计、组织和安排,父母、保姆通过旁观、参与,能获得关于儿童教育内容、途径和方法的一些知识和技能。这种简便易行、灵活多变的教育形式,深受儿童、父母、保姆的喜爱,目前这种学前教育活动中心已发展到690多所。在新加坡,为了增强父母的教育意识,学前教育机构开办了亲子乐园,吸引父母参与教育活动,帮助他们观察、了解孩子的发展水平,掌握教育孩子的方法。[2] 在日本,根据《儿童福利法》的规定,在社区内设有儿童馆,不仅为孩子提供游戏活动的场所,还通过定期开展母子俱乐部等活动,为家长提供交流、学习、互动的机会。[3] PTA(Parent-Teacher Association)也是日本家庭和学校合作进行儿童教育的一种有效形式,PTA经常组织一些亲子活动,如亲子夏令营、亲子运动会、亲子烹饪教室、亲子远足等,通过参与活动,家长和子女可以加强彼此间的情感交流,有利于增进感情,消除代际隔阂。[4]

各国多种多样的教育机构满足了社会不同层次的需要,也促进了学前教育的不断发展。

综上所述,国外研究在研究内容上主要涉及亲子活动的价值、影响因素、形式和文化背景,尤其从认知、情感、社会性和亲子依恋的角度探讨了亲子活动的意义,对其影响因素也从多方面进行了研究,特别注重家庭因素即父母的性别、游戏性,幼儿的性别等方面,研究较为系统化。

在研究方法上,国外的研究者特别注重进行现场的观察研究,进行实证性的实验研究,以第三人或是参与者的角色,深入到家庭生活的环境之中,进行观察、访谈、测查,能够较为真实和准确地反映亲子活动的发生、发展状况。

在研究角度上,国外的研究,从婴幼儿到青少年前期,所跨的年龄段较大,特别是对0—6岁亲子游戏的研究,更进行了较为精确的划分,对婴儿期和幼儿期

---

[1] 杨焕兰.中德幼儿园教育之比较研究[J].基础教育参考,2008,6：42.
[2] 李生兰.比较学前教育[M].上海：华东师范大学出版社,2010：203,217.
[3] 周采.比较学前教育[M].北京：人民教育出版社,2010：167.
[4] 杨桂敏.日本PTA的经验及启示[J].日本问题研究,2004,2：41.

的研究比较广泛。而且研究者大都是对在家庭中开展的亲子活动(游戏)进行研究,立足点是家庭,对幼儿园或是其他教育机构组织开展的亲子活动的研究较为匮乏,缺少对整合幼儿园、家庭和社区三种资源所开展的亲子活动的探索。

(二) 国内研究现状

1. 幼儿园亲子活动的价值研究

(1) 亲子活动对幼儿园及教师的价值

亲子活动有利于幼儿园有效开展家教指导工作。李生兰关于幼儿园与家庭、社区合作共育的研究显示,幼儿园与家庭沟通的形式中亲子活动占70%,幼儿园在对幼儿进行教育时,利用过的家长资源,最多的是“家长来园和孩子一起活动”(占84%)。[1] 幼儿园通过亲子活动可以引导家长树立科学的家教观念、原则和方法,调动广大家长配合幼儿园的教育,促进孩子身心整体协调发展。[2] 而且,教师通过观察亲子之间的互动,能进一步了解幼儿的发展水平和特点,关注进而指导和完善家长的儿童观、教育观和教育方法,同时也调整自己的教育理念和方法,更好地做到因材施教。[3]

(2) 亲子活动对家庭及家长的价值

家长通过参与幼儿园亲子活动,与幼儿互动,可以更直观地了解孩子的表现,正确评价幼儿的发展水平;同时,可以增进亲子间的情感交流和合作,而且能够对幼儿园教育有更加深入的理解,更有的放矢地进行家园合作。另外,在互动中,家长在教师的指导下,幼儿教育理念及方法也可以得到有效的提升和更新。[4] 亲子活动还有利于建立良好的亲子关系,促进家庭成员互动,形成和睦、幸福的家庭氛围。[5]

(3) 亲子活动对幼儿的价值

在认知方面,幼儿在亲子游戏中所获得的知识、经验和技能比在独自游戏和伙伴游戏中获得的更丰富,更有益于认知发展,而且在亲子游戏过程中融入了大量的言语交往,有助于幼儿的语言发展。[6] 在情感方面,家长的到来,能增强幼

---

[1] 李生兰.幼儿园与家庭、社区合作共育的研究[M].上海:华东师范大学出版社,2003:76-77.

[2] 《教育学术月刊》课题组.和谐的亲子活动是培养留守儿童良好个性的教育之道——对百余位留守儿童两年教育的实验研究报告[J].教育学术月刊,2010,1:29.

[3] 李丹.关于幼儿园亲子活动现状分析及思考[J].新西部,2008,8:172.

[4] 朱漫颖.浅论亲子教育活动[J].新西部,2010,20:159.

[5] 王超琼.家庭是幼儿园重要的合作伙伴[J].早期教育,2002,5:18.

[6] 刘炎.亲子游戏的特点、意义与策略(上)[J].幼儿教育,1996,5:5.

儿对幼儿园的归属感，使他们产生更强的安全感和大胆探索的勇气，萌发较强的成就动机，从而更乐于与同伴互动，进行合作学习。[1] 么娜认为，幼儿园倡导亲子活动，开展各种各样的亲子游戏，不仅能为家长和孩子提供加强亲子交流的机会，增进亲子感情，而且对促进孩子的心理健康具有特殊而长远的意义。[2] 在社会性发展方面，在亲子活动中，通过成人的引导与帮助，儿童能够很好地承担游戏中合作者的角色，因而社会性交往水平高于伙伴游戏中的交往水平。亲子之间的互动，还能够满足学前儿童个体生理、情感、社会性发展的需求，帮助他们处理因发展或成熟所产生的改变，如入园适应等，以促进儿童的健康、全面发展。[3] 在亲子关系方面，亲子之间的互动游戏，能帮助学前儿童与其他家庭成员建立起安全型的亲子依恋关系，使儿童在和谐温暖的家庭环境中成长。[4] 李生兰在研究中发现，目前许多幼儿园组织的亲子活动，既能考虑到普通儿童与家长的普遍需要，也能顾及特殊儿童与家长的个别需求；既启发父辈家长参与孩子的活动，也引导祖辈家长参与孩子的活动；既让家长和孩子一起从事体育活动、娱乐活动、种植活动，也使家长和孩子有机会一同进行学习活动、游戏活动和美术活动。[5]

总而言之，亲子活动的开展有助于提高教师的组织能力，更新家长的教育理念，符合幼儿身心发展需要。

2. 幼儿园亲子活动的类型研究

亲子活动作为课程实施的重要途径，是开展家园沟通、促进家长参与课程实施的重要方式。幼儿园亲子活动的类型主要有亲子自然探究活动、亲子节日活动、亲子制作活动、亲子展示活动、亲子运动会等。

有的园所结合季节开展中秋亲子赏月晚会，我爱祖国“十一”亲子摄影展，[6] 有的园所抓住妇女节、母亲节、父亲节等节日教育，创设亲子实践活动，通过有趣的角色互换，让孩子体察父母亲照顾自己的辛苦。[7] 幼儿园结合节庆和主题活动，挖掘园内外各种资源，开展亲子郊游、亲子制作、亲子运动会、亲子劳动、亲子

---

[1] 李丹.关于幼儿园亲子活动现状分析及思考[J].新西部，2008，8：172.
[2] 么娜.浅谈幼儿园亲子活动的组织策略[J].教育导刊，2011，4：57.
[3] 刘炎.亲子游戏的特点、意义与策略(上)[J].幼儿教育，1996，5：5.
[4] 汪光珩，李燕.家庭系统对学前儿童亲子互动的影响研究[J].幼儿教育，2010，9：2.
[5] 李生兰.学前儿童家庭教育[M].上海：华东师范大学出版社，2010，9：2.
[6] 么娜.浅谈幼儿园亲子活动的组织策略[J].教育导刊，2011，4：57.
[7] 韩波.孝心传承爱满天下——连云港市商业幼儿园亲子活动集锦[J].早期教育(家教版)，2010，12：2.

阅读、亲子晨间区域活动、亲子游戏、亲子义卖和募捐等形式多样的亲子活动，拓宽了幼儿园亲子活动的形式，促进了亲子间平等、融洽的亲情关系的建立。[1]

唐松梅指出，根据主题活动开展的进程适时地组织亲子活动也是一种主要的类型，无论是以往采用的综合主题教育模式、融合式审美教育模式，还是现今正在进行的生态式教育课程，始终将家长作为重要的教育资源，去开展一系列的亲子活动。[2]

幼儿园不但在开放日安排"走进来"的亲子活动环节，而且还不定期地组织孩子和家长，利用周末到园外开展"走出去"的亲子联谊活动，或是亲近自然的亲子郊游活动。[3]

3. 幼儿园亲子活动中的角色定位研究

(1) 关于教师的角色定位

在幼儿园亲子活动中，教师是活动的组织者、领导者，全程规划、引导家长与幼儿参与亲子活动，宏观调控着活动的开展。教师要创造性设计或选择适宜的亲子活动，选择适宜的时间和地点，有效地组织亲子活动。[4] 李冰指出，在亲子活动中，教师既是活动材料的提供者、活动组织的引导者，还是家长和孩子们的合作者。教师必须尊重家长，以平等合作的态度对待家长，与家长共同商量，形成良好的活动氛围。无论是对家长还是对幼儿，教师都应该多给予帮助和指导。[5]

(2) 关于家长的角色定位

么娜认为，亲子活动中，家长是活动的承载者和传递者，教师要调动他们参与的积极性，使他们获得正确的育儿观念和育儿方法，并将观念和方法融入到与孩子相处的每一刻，最终实现孩子健康和谐发展。[6] 王春柳认为，家长是亲子活动的参与者、合作者，是亲子活动的另一个主体。一方面，家长为教师提供幼儿的情况；另一方面，在活动过程中，家长应和教师站在同一立场上，发现问题及时沟通，必要时还应帮助教师处理一些问题。家长还是亲子活动中教师实施教育的监督者。[7] 朱瑶认为，亲子活动中家长的角色可以用一句话概括：收放自

[1] 卢术夷，林民芳.幼儿园亲子活动设计与指导的实践探索[J].学前课程研究，2009，7－8：61.
[2] 唐松梅.开展亲子活动架构合作之桥[J].幼儿教育，2004，9：45.
[3] 王超琼.家庭是幼儿园重要的合作伙伴[J].早期教育，2002，5：18.
[4] 宿红玲，陶金玲.幼儿园亲子游戏的特殊性[J].幼儿教学研究，2010，2：45.
[5] 李冰.幼儿园亲子活动探讨[J].学生之友·小学版，2010，8：52.
[6] 么娜.浅谈幼儿园亲子活动的组织策略[J].教育导刊，2011，4：57.
[7] 王春柳.亲子乐园给家长上堂课[J].家庭(育儿)，2003，6：35.

如。家长该参加的时候要放下架子，积极参与；该让孩子动手的时候要袖手旁观。具体说来，家长应该扮演好这些角色：充当支持者、参与者，充当孩子的伙伴，充当观察者，充当老师的协助者，充当幼儿园的监督者。[1]

(3) 关于幼儿的角色定位

幼儿是幼儿园亲子活动的主人，亲子活动的开展应满足幼儿的发展需求。教师通过与家长的沟通，了解幼儿的发展需要，进而决定是否开展幼儿园亲子活动，开展怎样的亲子活动和如何开展亲子活动。幼儿园亲子活动的开展是以幼儿为核心的，幼儿应是活动的主角，要让幼儿在活动中主动、积极地感受快乐，获得发展。[2]

4. 幼儿园亲子活动中存在的问题研究

李丹在《关于幼儿园亲子活动现状分析及思考》一文中指出，在幼儿园亲子活动开展的过程中，存在着重形式、重结果、家长旁观等现象，教师对亲子活动的认识较浅，主要有几点表现：第一，主体的缺失。即在互动中，家长与幼儿之间呈现出明显的不对称，家长是中心、主导，幼儿处于边缘、被动。第二，互动的单向性。互动的主体是多向、多元的，然而活动中大都是亲子互动，缺少师幼、教师与家长、幼儿之间的互动。第三，教育价值的片面性。幼儿园亲子活动是通过教师、家长、幼儿之间的多主体互动、多向互动来实现全面教育的价值趋向的。[3] 陈先珍、于冬青的调查研究表明，家长参与幼儿园教学活动的水平还处于较低层次，缺乏主动性。大部分家长都是在幼儿园的邀请之下才会去教学现场，在亲子活动中，家长在很大程度上都是配角。只有12.5%的家长觉得在参与中有较大的主动权，有50%的家长觉得有一定的主动权，而21.9%的家长则感到基本没有主动权，甚至有12.5%的家长觉得完全被动。[4] 总之，幼儿园亲子活动存在活动形式单一、内容缺乏针对性、活动主体不明确、互动单向、互动频率低等问题。[5]

5. 幼儿园亲子活动有效开展的建议

(1) 对教师的建议

幼儿园开展亲子活动，首先应该有明确的目的；其次，活动准备要充分，活动

[1] 朱瑶.亲子活动ABC[J].幼儿教育，2004，10：23.

[2] 宿红玲，陶金玲.幼儿园亲子游戏的特殊性[J].幼儿教学研究，2010，2：45.

[3] 李丹.关于幼儿园亲子活动现状分析及思考[J].新西部，2008，8：172.

[4] 陈先珍，于冬青.家长参与幼儿园教学活动的现状调查与对策分析[J].幼儿教育(教育科学版)，2007，10：57.

[5] 卢术夷，林民芳.幼儿园亲子活动设计与指导的实践探索[J].学前课程研究，2009，7-8：60.

前，教师要发动家长和孩子共同设计活动的内容、形式、规则和要求，准备活动材料，布置活动场地；再次，以幼儿为主体，充分发挥幼儿的主体地位和积极性；最后，评价方式要多元化，亲子活动可采用父母评孩子、孩子评父母、教师评家长和孩子等多元化方式。[1] 褚海英在《大型亲子活动的设计和组织》一文中也从幼儿、家长、教师三个角度明确提出组织亲子活动的目的，提出从活动主题、形式、方案等方面做好准备工作，并从活动的开始、进行、组织、评价等方面做好整个活动的实施工作。[2]

(2) 对家长的建议

家长在参与亲子活动时应注意的事项有：第一，不能盲目顺从孩子，要进行必要的引导。第二，家长意识不能太强，要与孩子建立"朋友"关系。第三，不要经常空头许诺，做不到的不要欺骗孩子，也不要让孩子提太多"条件"。第四，不要把自己的孩子与别人的孩子进行过多的横向比较。第五，不要对孩子提出过高的要求，要实事求是地看待孩子今后的发展。[3] 刘炎认为，家长在亲子活动时应当民主、平等地对待孩子。只有民主、平等地对待孩子，家长才可能在游戏中和孩子结成平等的玩伴关系，才可能尊重儿童的需要与兴趣。[4]

对国内幼儿园亲子活动研究进行综述，我们可以发现研究呈现出以下特点：

从研究内容看，已有研究从不同的方面对幼儿园亲子活动的价值、活动的类型、实施等方面进行了思考研究，分析了目前幼儿园亲子活动的现状、存在的问题，提出了相应的意见和建议。

从研究方法看，经验总结多，理论研究和实证研究少。目前尚无针对幼儿园组织开展亲子活动的系统研究，现有的关于幼儿园亲子活动文献，也多是对幼儿园教师的经验总结和实践指导。所以通过现有的资料，无法获得对幼儿园组织亲子活动这一重要的家园共育形式的客观、系统和全面的了解，从而难以发现问题和成因，无法提出切实可行的建议，更难以形成系统的幼儿园亲子活动资源库。

从研究视角看，目前关于幼儿园亲子活动的研究，多从幼儿园自身角度出发，研究教师如何开展亲子活动，而缺乏家长对此问题的认识、态度和实践的研

---

[1] 周蔚涛.幼儿园如何开展亲子活动[J].幼儿教育，1999，9：13.

[2] 褚海英.大型亲子活动的设计和组织[J].好家长，2008，z1：85.

[3] 张玲.家园互动之亲子活动[J].好家长，2009，z1：78.

[4] 刘炎.亲子游戏的特点、意义与策略(下)[J].幼儿教育，1996，6：9.

究，从而难以真正发挥家庭资源在幼儿园亲子活动中的重要作用。

无论国外还是国内，对于幼儿园亲子活动的研究大都集中体现在亲子活动的价值、形式上。国外的研究通过大量的数据说明亲子关系、亲子互动在孩子成长中的重要性，其研究过程和结果更多指向“个体家庭”；国内的研究则关注幼儿园亲子活动的参与形式，指向幼儿园、家长、社会三方互动方式的多元化。但是，哪些游戏可以供亲子活动选择，哪些游戏在亲子活动中可以有针对性地发展孩子的哪些能力，哪些游戏又能贯彻体现幼儿园教育精神，使之更好地与家庭教育结合，家长可以如何为亲子游戏提供文化背景的支持等，这些在实践中遇到的现实问题值得我们进行更接地气、更细致的研究，以指导一个个具体行动。

三、研究的设计

(一) 研究目标

第一，分析和提出幼儿园亲子活动资源建设的理论构想。

第二，设计、搜集、整理适合幼儿园、教师、家长和幼儿发展需要的幼儿园亲子活动。

第三，构建开发幼儿园亲子活动资源体系(含理论与操作)。

第四，拓宽幼儿园教育的空间和时间，丰富家长的育儿知识，提升科学育儿的能力，增进教师与教育对象间的相互了解，促进幼儿身心健康发展。

(二) 研究内容

1. 幼儿园亲子活动资源建设的现状研究

2. 幼儿园亲子活动资源建设研究

(1) 幼儿园亲子活动资源建设的内容研究

依据《纲要》《指南》目标，结合幼儿年龄特点，分小、中、大，上下学期展开研究，形成既成体系又可不断丰富的内容库，并提炼内容选择的相关原则、要求、方法等。

(2) 与幼儿园亲子活动内容相关的配套资源研究

含物质、人力、文化等，形成与内容相匹配的资源库，且能不断丰富。

(3)幼儿园亲子活动的设计与实施研究

含各年龄段、不同类型的活动设计与实施，如全园大型亲子活动的组织与实施，班级亲子活动的组织与实施等。

(三) 研究思路

从调查幼儿园亲子活动资源建设的现状入手，提出理论构想，建构资源体系。先通过文献研究、问卷调查、访谈等方法，了解现状与问题；再通过系统设计整体解决、合作共建资源共享、把握共性体现特色、网络互动共同参与的行动研究，构建幼儿园亲子活动资源内容库。

技术路线图

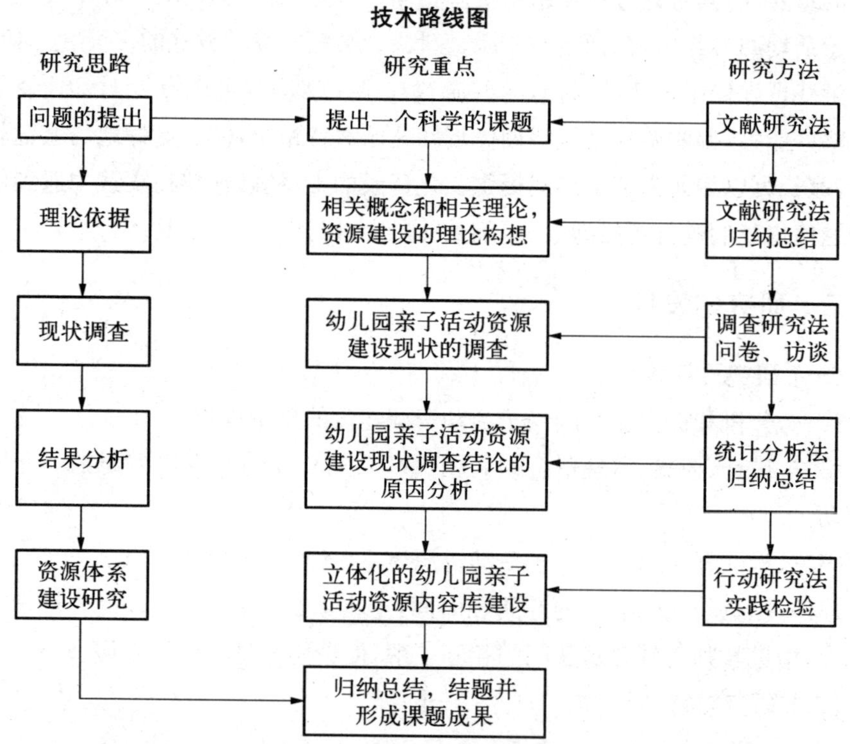

（四）研究方法

1. 文献研究法

从事任何一项科学研究，都需要查阅大量的文献，了解该研究的历史、现状及国内外研究状况，探明已有的研究程度、研究方法及技术路线，明确已有研究成果、可借鉴的经验和应吸取的教训，从而找到自己的研究生长点。

查阅文献是研究过程中重要的工作环节，包括对相关研究文献的检索、查阅，对价值信息与资料的记录、归纳、解释以及撰写文献综述。我们使用文献法来界定研究的问题，寻找研究的新思路，识别有关进一步研究的建议，寻找新的理论支持。具体来说，查阅相关文献，包括了解幼儿园亲子活动资源建设的最新动态，掌握相关理论及研究方法，以及利用地方文献了解地域位置和资源特点等。

2. 调查研究法

调查研究是用各种方法与手段对儿童发展和教育现象进行有计划的、周密的、系统的间接了解与考察，并对所收集到的资料进行统计分析或理论分析的一种研究方法。研究者可根据不同的研究目的选择适当的方法。在本书的研究中，我们使用了问卷调查和访谈的方式。

(1) 问卷调查

问卷是指对所有的抽样调查对象提出若干个同样问题的书面调查资料。研究者向调查对象分发印好的表格或卷子，要求其填写答案，然后收回整理、分析和研究。我们为了解幼儿园亲子活动资源建设现状自编问卷，分发给被调查者填写，通过整理和分析回收的问卷得出研究所需要的重要资料。

(2) 访谈

访谈法是一种重要的收集资料的方式，它是研究者通过谈话的方式了解被研究者对某个人、某件事情、某种行为或现象的看法和态度。访谈法的最大优点是灵活性强，我们可以通过与被访问者(部分园长、教师、家长)的交谈，深入了解幼儿园亲子活动资源建设的现状，全面掌握幼儿园亲子活动资源建设的实际情况。

3. 行动研究法

行动研究是教师和教育管理人员、专职教育研究人员密切配合，针对教育实践过程中遇到的具体问题，运用各种可能的研究方法进行探讨并以寻求解决问题的方法、推动教育工作的改进为宗旨的一种教育研究活动。行动研究的基本工作思路可以归纳为“计划—行动—观察—反思”这一过程的循环。

针对幼儿园亲子活动资源建设的问题，我们使用行动研究法，不断提出改进方案，用以指导资源建设；同时又依据改进方案实施过程中出现的新问题，不断充实、修改、完善，在行动中研究，在研究中提高。

(五) 模式构想

思路决定出路。组织开展亲子活动有别于组织一般的教育教学活动，它是由家长与幼儿共同参与的，因此亲子活动的开展必须有明确的指向性。通过实践，我们发现组织亲子活动必须把握一个中心、两个基本点、三个心中有数、四个全局观念。

一个中心：以幼儿为中心。

两个基本点：家长发展目标与幼儿发展目标。

三个心中有数：目标有数、过程有数、发展水平有数。

四个全局观念：幼儿和家长的发展水平、活动前准备、过程的把控、活动后的跟踪。

1. 基本思路

幼儿园亲子活动开展的基本思路：分析价值—确定目标—活动准备—设置流程—过程指导—活动延伸。

(1) 分析价值

在分析主题与分析幼儿的过程中充分挖掘亲子活动的价值。可思考几个问题：主题活动与幼儿发展目标的交集点在哪？为什么要通过亲子活动的形式完成？活动可以促进幼儿、家长、教师哪些发面的发展？

(2) 确定目标

从幼儿、家长、教师或园所三个维度展开，确定活动的目标。

(3) 活动准备

活动准备主要注意以下三点：第一，家长参与前明确活动安排；第二，相应物质准备要充分；第三，教师要有预设的指导应对策略。

(4) 设置流程

设置流程有四个原则：第一，结合总目标；第二，结合幼儿年龄特点；第三，结合场地、时间要求；第四，动静交替。

(5) 过程指导

教师在活动开展过程中要进行必要的指导，需要做到以下几点：第一，明确活动各阶段的目标；第二，明确家长是参与的主体，告知家长如何指导孩子；第三，关注家长与幼儿表现；第四，注意教态与参与情绪。

(6) 活动延伸

活动延伸部分主要注意两点：第一，活动结束之后跟踪幼儿、家长的变化；第二，根据前次活动开展情况及时调整后续的亲子活动。

2. 幼儿园亲子活动的形式

幼儿园亲子活动从不同的维度可以划分为不同的活动类型。从组织者来说，可分为园所组织与家长组织。从活动规模来说，可分为全园的活动、年级的活动、班级的活动和小组的活动。从场地安排来说，可分为园内的活动和园外的活动。从内容上来说，可分为单一的活动和综合的活动。

3. 幼儿园亲子活动的目标

幼儿园亲子活动的目标大体来说可以从三个方面定位——幼儿、教师(园

所)、家长。与幼儿园其他活动不同的是，亲子活动加入了家长这个角色，所以家长发展目标显得格外重要。具体到各个活动有不同的发展目标。

一般说来，家长发展目标可以是以下几个方面：

第一，帮助家长明确亲子活动的价值与意义，激发家长参与家园共育活动的兴趣，促进家园、亲子之间的沟通与交流，融洽亲子、师长关系，增强教育合力。

第二，帮助家长感知、理解幼儿学习方式、身心特点及发展目标；更新家长教育观念，丰富家长的亲子教育策略，提升家长科学育儿能力。

第三，搭建家园共育平台，优化、共享教育资源，促进幼儿的全面、健康发展。

4. 幼儿园亲子活动的内容

艺术源于生活，教研源于实践。在亲子资源建设课题开展时，教师依据自身实践对亲子活动内容进行头脑风暴，这些内容均是碎片式、零散式的活动，教师很少思考活动目标，更缺乏活动的指向与重点。许多园所注重活动开展的形式，较少思考活动的价值，走哪算哪，人云亦云的亲子活动现象普遍存在。这些现象，让我们意识到，能丰富研究内涵的往往是实践中发现的问题，这些问题，正是我们需要思考与努力解决的。如何拟定亲子活动内容？我们溯本追源，从亲子活动的意义与价值入手，从幼儿发展的需要入手，重新整理出了五个方面的亲子活动内容：从幼儿发展目标出发开展的亲子活动；从幼儿年龄特点出发开展的亲子活动；从社会文化活动出发开展的亲子活动；从社会热点、重大事件出发开展的亲子活动；从家庭教育问题出发开展的亲子活动。下面作具体介绍。

(1) 从幼儿发展目标出发开展的亲子活动

从幼儿发展目标出发开展的亲子活动的意义从以下三个方面阐释：

幼儿层面：让幼儿能享受更多有效、有趣的教育资源，提升他们参与活动的兴趣，增强自信心，增进亲子关系。

家长层面：让家长了解幼儿的学习目标、学习内容、学习过程，了解如何支持与配合，解决很多家长要求幼儿园提前进行小学化教学或者感觉幼儿在园没有学到知识的问题。

园所层面：帮助家长了解幼儿发展目标，了解幼儿学习动态，更新家长教育观念；解决园所开展教育活动资源匮乏的问题，实现资源共享。

从幼儿发展目标出发开展的亲子活动可分为与单一领域结合的亲子活动和与主题结合的综合性亲子活动。

① 与单一领域结合的亲子活动

即根据各领域的幼儿发展目标，选择合适的内容开展亲子活动。

如根据“喜欢参加体育活动，动作协调灵活”这一目标，组织健康领域亲子活动“大手拉小手，一起来运动”；根据“乐意与人交往，学习互助、合作和分享，有同情心”这一目标，组织社会领域亲子慰问活动“关爱你我他”；根据“喜欢听故事、看图书”这一目标，组织语言领域亲子阅读活动“猜猜我有多爱你”；根据“对周围的事物、现象感兴趣，有好奇心和求知欲”“能运用各种感官，动手动脑，探究问题”的目标，组织科学领域亲子实验活动“食物的保存方法”；根据“用自己喜欢的方式进行艺术表现”“能大胆表现自己的情感和体验”的目标，开展艺术领域亲子绘画活动“我和你”等。

② 与主题结合的综合性亲子活动

如根据“我和春天有个约会”的主题可组织如下亲子活动：谈话“春天在哪里”；科学亲子观察“找春天”；健康活动“户外放风筝、爬山”；社会活动“爱护身边的花草树木”；美术活动“我眼中的春天”。

感悟与启示一：从发展目标出发开展的亲子活动要注意引导家长明确各类活动目标，了解幼儿发展水平，从而有效指导幼儿参与活动。也就是让家长知道，为什么做，怎么做，做得怎样。

具体做法：事先让家长明确教育活动的目标，做好相应的准备工作；活动过程中，教师指令明确，使家长能有针对性地指导，鼓励家长学习科学的评价方式，正确认识幼儿的发展。

感悟与启示二：从发展目标出发开展的亲子活动要注意各领域的平衡，这样能让家长充分了解幼儿在各领域的学习目标，全面了解幼儿园课程设置。

(2) 从幼儿年龄特点出发开展的亲子活动

从幼儿年龄特点出发开展的亲子活动的意义从以下三个方面阐释：

幼儿层面：有利于解决当下幼儿存在的问题，更好地促进幼儿身心健康发展。

家长层面：让家长了解此阶段幼儿身心发展特点，在活动中进行整体观察，懂得幼儿间存在个体差异，学会策略地解决幼儿学习生活中存在的问题。

教师层面：提升教师观察幼儿、了解幼儿、解决幼儿身上存在的问题的能力。

感悟与启示一：活动内容的适宜性。

如小班幼儿新入园，分离焦虑的现象比较严重，可开展小班社会活动“爸爸妈妈陪我上幼儿园”；中班幼儿社会性进一步发展，部分幼儿喜欢通过攻击性行为等不正确的方式与伙伴交往，可组织亲子音乐活动“我们都是好朋友”，以让幼儿学习交朋友的正确方式方法；大班幼儿面临入小学，为激发幼儿的入学欲望，培养幼儿良好的学习习惯，可开展亲子数学活动“我的作息时间表”，家长与幼儿一起讨论制订生活起居计划，并通过绘制小闹钟、家中的小约定等方式记录、呈现，培养幼儿的时间观念。

感悟与启示二：活动指导的差异性。

注意对家长教育观念的引导，帮助家长了解每个孩子都是不同的个体，每个孩子在不同的方面存在优势与劣势，要正确认识个体的差异性，全面客观地对自己的孩子进行科学评价。

(3) 从社会文化活动出发开展的亲子活动

从社会文化活动出发开展的亲子活动可分为与节日文化结合的亲子活动、与社区文化结合的亲子活动、与园所文化结合的亲子活动、与传统民俗文化结合的亲子活动。

① 与节日文化结合的亲子活动

与节日文化结合的亲子活动的意义从以下三个方面阐释：

幼儿层面：让幼儿感受节日带来的欢乐，懂得各种节日含义，促进幼儿社会性的发展。

家长层面：引导家长了解节日中蕴含的教育价值，使家长懂得如何配合教师，帮助幼儿积累对节日的认知经验，增进彼此亲情。

园所层面：烘托园所的节日氛围，有利于创设丰富多彩的园所文化。

感悟与启示一：节日要甄选。

不是每个节日都适合组织开展亲子活动，要根据节日所寓意的教育意义与幼儿实际生活经验进行甄选。如在纪念性节日中建党节、建军节就离幼儿生活经验比较远，节日本身所寓意的教育意义还不能很好地影响幼儿，因此不太适合组织亲子活动。而国庆节、劳动节、儿童节、妇女节、教师节、春节、端午节、中秋节及重阳节都是适合不同年龄阶段的幼儿组织开展亲子活动的。

感悟与启示二：节日选择要符合幼儿年龄特点。

不是所有的节日都适合各个年龄层的幼儿。如对小班幼儿，更适合利用儿童节、妇女节、春节等节日开展亲子活动，儿童节、春节能让他们感受节日的快乐，妇女节时能让幼儿与妈妈互动，感受母爱的温暖，这都是易于被小班幼儿接受的；而国庆节、劳动节所表达的意义更抽象与广义一些，更能被大年龄的孩子所理解与接受。

② 与社区文化结合的亲子活动

与社区文化结合的亲子活动的意义从以下三个方面阐释：

幼儿层面：让幼儿了解周围有哪些社会机构，这些机构与人们生活的关系。

家长层面：引导家长了解幼儿教育三大支柱是学校、家庭和社会，使家长懂得社区作为社会一个小缩影，也是影响幼儿成长的重要环境因素，懂得如何配合教师，运用社区文化教育幼儿。

教师层面：有助于教师充分挖掘社区文化中可利用的教育资源，设计促进幼儿发展的有效活动。

感悟与启示一：内容选择要与幼儿生活相关。

教师要从幼儿的兴趣点出发，选择幼儿有生活经验、感兴趣的社会资源设计亲子活动。如组织幼儿到自来水厂了解自来水的过滤过程，到农场采摘蔬菜水果，到体育馆观看体育比赛等。

感悟与启示二：可将教师组织与家长组织这两种形式有机结合。

除教师担任整个活动的组织者外，也可引导家长组织社区文化亲子活动。由家长组织社区亲子活动既能利用家长的资源，又能使家长们较为自由地结伴参与到活动中，较教师为主的社区亲子活动频率更高，形式更自由。

③ 与园所文化结合的亲子活动

与园所文化结合的亲子活动的意义从以下三个方面阐释：

幼儿层面：让幼儿在不同类型的园所文化活动中获得有益经验，增强对就读幼儿园的归属感、自豪感。

家长层面：引导家长了解幼儿园的发展理念及蕴含的文化精神，理解并认同、支持园所开展的各类活动，且能根据园所文化精神培养孩子。

园所层面：有利于幼儿园形成独特的园所文化，借助家长资源广泛宣传，形成良好的口碑。

感悟与启示一：将班级或园所文化定期向家长宣传，让家长理解、认同、支持园所文化，并能根据园所文化精髓培养自己的孩子。

如湖南省军区幼儿园园所文化中的培养目标是“将每位幼儿培养成有爱、坚毅、立志、立美的军幼小苗”。教育理念是“重视养成孩子良好的品德、健康的体魄、坚毅的品质、远大的志向与感受美、创造美的能力”。在这样的文化背景下，园所开展的亲子活动就需要体现相应的文化。

感悟与启示二：与园所文化相结合要体现独特性和连续性。

每所幼儿园都有自己独特的园所文化，结合园所文化开展的亲子活动应贯穿于幼儿整个三年的在园生活之中，在满足幼儿随着年龄增长不断变化的身心发展需求的基础上，保持一致性和连续性。

④ 与传统民俗文化结合的亲子活动

与传统民俗文化结合的亲子活动的意义从以下三个方面阐释：

幼儿层面：让幼儿了解中国传统民俗文化，感受民俗文化与生活息息相关。

家长层面：引导家长了解适合幼儿接触、学习的民俗文化有哪些，与园所一同激发幼儿探索民俗文化的好奇心。

教师层面：促使教师在丰富多彩的民俗文化中寻找与幼儿发展目标相关的内容，设计有趣的教育活动促进孩子的发展。

感悟与启示一：要对传统民俗文化有甄选和取舍。

传统民俗文化是历史悠久的文化遗产，但不是所有的民俗文化内容都适宜组织亲子活动。如某些民俗中的神怪形象不仅超出幼儿思维所能理解、接受的范畴，还会让他们感到恐怖和害怕，因此相关内容不适宜用来开展亲子活动。

感悟与启示二：要关注地域性和幼儿的已有生活经验。

我国幅员辽阔，不同地域之间传统民俗文化千差万别，因此，在开展民俗文化亲子活动时，一定要从本土的传统民俗文化出发，从幼儿了解和熟知的地域文化出发，从幼儿的生活经验出发，才有可能引起积极的回应，达到良好的效果。

(4) 从社会热点、重大事件出发开展的亲子活动

从社会热点、重大事件出发开展的亲子活动的意义从以下三个方面阐释：

幼儿层面：让幼儿知道自己是社会的一员，对社会热点、重大事件有一定的敏感性。

家长层面：引导家长从社会热点、重大事件中寻找育儿契机，与幼儿一道参与社会活动，增强幼儿的社会责任感。

园所层面：是对“生活处处皆教育”的教育理念的具体实践，体现园所的社会责任感。

感悟与启示一：要敏锐捕捉有教育意义的社会热点和重大事件。

社会热点具有突发性与随机性，教师要有意识地关注社会热点，选取有教育意义的热点事件和问题，发现其所隐藏的教育契机，及时组织与之相关的亲子活动。如结合汶川地震，可开展亲子活动“小小手、大大爱”，激发幼儿有同情心、关爱

他人、乐于助人的美好情感；结合全球气候变暖、保护环境的热议，可开展全园大型亲子活动“美丽中国，绿色家园”等，培养幼儿“环境保护从我做起”的社会责任感。

感悟与启示二：选取的社会热点要贴近幼儿生活，满足幼儿的发展需要。

幼儿处在社会生活之中，也是社会生活中的一个组成群体。考虑到幼儿在身心发展、思维方式以及知识经验等方面的特点，超出幼儿的生活范围以及认知经验的社会热点，如社会治安、反腐倡廉等的相关内容就不适宜用来开展亲子活动。

(5) 从家庭教育问题出发开展的亲子活动

从家庭教育问题出发开展的亲子活动的意义从以下三个方面阐释：

幼儿层面：有助于教师和家长共同解决幼儿身上存在的某些具体问题，让幼儿懂得这样的要求既是幼儿园老师的要求也是家长的要求。

家长层面：有助于解决某些家庭教育中普遍存在的问题，让家长知道解决的方法与策略。

教师层面：帮助家长更新育儿观念的同时，有效解决问题儿童教育难的现状。

感悟与启示一：要着重与家长沟通，及时解决孩子成长过程中家长所面临的困惑。

及时与家长沟通，了解不同家庭中孩子成长的问题，集中归纳共性问题，设计亲子教育活动。通过观察，了解家长的教育理念、教育行为和育儿水平，对家长进行针对性的指导，让他们意识到家庭教育中有可能存在的缺失，用深入浅出的方法帮助家长更新育儿观念，激发家长产生科学育儿的兴趣和愿望，积极开展科学育儿的探索与实践，从而成为园所亲密无间的教育伙伴。

感悟与启示二：要关注父辈与祖辈参与机会的均衡性。

家庭成员之间齐心协力共同配合，统一家庭教养要求，才能营造良好的成长环境，促进幼儿健康成长。反之，长辈之间思想不统一，则让幼儿无所适从，陷入混乱之中，甚至形成察言观色、见风使舵的不良习气。因此，设计此类亲子活动时，要考虑父辈、祖辈参与亲子活动机会的均衡性，即不仅让父母亲参与，还要创造机会让祖辈也参与，潜移默化地影响他们，让他们逐渐转变观念，使父辈和祖辈统一家庭教育思想，形成家庭教育合力。

以上五种类型的亲子活动，从横向来看涵盖幼儿学习生活的各种教育契机，从纵向来看适应不同年龄阶段幼儿的发展需求，针对家长育儿存在的疑惑。这系列活动，系统性与侧重点相结合，为家长提供了观察、了解孩子发展水平的机

会，让家长在一个个体验式活动中对孩子有新的认识，也能在一次次交流中更新观念，提升育儿能力。

四、实施策略

(一) 园所统筹，发挥顶层设计与导向功能

幼儿园作为基础教育的重要组成部分，承担着指导家长科学育儿的责任和义务。高质量的家园互动，不是零散的、临时性的，而是蕴含着幼儿园的教育理念和教学目标。有目的、有计划、有内容、有形式的亲子活动，是培育家园科学共育意识，促进幼儿健康成长的必要途径。

1. 了解家长群体

不同地区有着不同的文化背景和生活习俗，因此，幼儿园明确家园任务的同时，还要了解当地家长群的特点，如地方风俗、家庭结构、带养方式（隔代带养或父母带养等）、外来家庭比例、家庭受教育程度等。只有了解家长群的基本情况，才能找到适宜的对话角度，并以此为基点，制订符合现实需要的亲子教育计划，充分发挥幼儿园的教育导向功能，达到幼儿园开展亲子活动的目的。

(1) 了解家长群体的方式

一般可以采用问卷、访谈、园长信箱、家庭故事等方式开展。但是，不同的方式，其侧重点是不一样的，比如，通过问卷可以初步了解幼儿家庭的基本信息（年龄结构、带养方式、受教育程度等）；通过访谈则可以在对基本信息进行分类的基础上，了解不同家庭的具体教育方法和教育期望；通过园长信箱可以搜集家长的困惑，从中梳理出亟待解决的普遍问题或热点问题。

(2) 对信息进行分析处理运用

幼儿园教师对幼儿的年龄特点和发展规律非常了解，但不一定对家长的认识水平和育儿需要十分清楚。因此，通过问卷、访谈、园长信箱等方式获得家长的信息后，幼儿园要组织人员对信息进行分析整理，用数据来指导教师科学开展家园工作，制订出行之有效的亲子活动方案，将活动效益最大化。如对留守儿童多的地区，应尊重现实，将祖孙亲子活动常态化，所设计的活动要考虑祖辈的年龄特点和交往习惯，用适合爷爷奶奶的语言和方式来指导其科学带养。

2. 整合本园、本地区优势资源

如果说了解家长群的特点是开展幼儿园亲子活动的前提，那么充分挖掘本园、本地区优势资源则是深入开展亲子活动的保障。每所幼儿园都有其独特的

文化背景和办园特色，有的幼儿园教研力量强，有一支过硬的师资队伍；有的幼儿园教师艺术素养突出，在幼儿园艺术领域研究中硕果累累；还有的幼儿园是部队办园，有着浓浓的军队气息；有的幼儿园地处乡村，周围竹林茂密；有的幼儿园所在地区陶瓷技艺闻名中外；有的幼儿园所在地区还保留着不少传统文化——剪纸、皮影、民间游戏等。

总之，人、事、物，有形的、无形的，园内的、园外的好资源，都需要我们去发现、记录、归类、整理。有形的可登记在册，建立资源库；无形的（一般指精神层面的）可借助载体，外化其形，通过欣赏、练习等手段再内化于心。如湖南省军区幼儿园的孩子们在亲子活动中体现出的独立、果敢等意志品质就是在部队环境下，在日常生活中逐渐锻炼起来的。

从实用和便于操作的层面上来说，我们可以将资源进行如下分类：

（1）亲子活动社会资源库

所谓亲子活动社会资源库，就是收集园所周边的地区资源，然后分类登记。如技艺类，可记载当地的手工技艺名称、技艺特点、传承人、联系方式等，像编竹篾、舞龙都可归结到此类；又如社会公共服务类，当地的科技馆、博物馆、图书馆、主题公园等公共场所亦可对联系方式、参观须知、闭馆日等项目进行登记；再如认知实践类，对当地消防支队、优质企业、自来水厂、邮局、学校等，也可以进行详细的登记，便于安排、开展一些社会实践类亲子活动。建立好社会资源库，既便于有计划地与资源提供方联系，又能与其建立长期合作关系，有利于同类活动的深入开展。

（2）亲子活动方案资源库

好的活动方案是可以反复推敲，延续使用的。因此，优质并有意义的亲子活动方案可以集结起来，整理成园所资源，供教师借鉴、参考，深入研讨。具有普适性特点的活动，如亲子节庆活动、亲子运动会等，整理入资源库的应是经典方案，具有借鉴作用；具有园所和地方特色的活动，如“走进军营”系列，其收录的意义一定要关注是否具有启发性、指导性，体现价值导向。资源库不是一成不变的，而是随着园所办园水平的不断提升，园所教研活动的不断深入而动态发展的。需要明确的是，这类资源库不是活动方案的简单堆砌，最忌不加选择地将所有活动都收集入库。

3. 制定亲子活动学期工作重点

园所要对家长群体进行分析，梳理、提炼出当前家园协同的热点问题，然后对问题进行细致地划分，制定出学期工作重点，并结合有针对性的活动一一突破。

（1）与幼儿年龄特点相关的工作重点

不是每个家长都能轻松读懂《3—6岁儿童学习与发展指南》，也不是每个家长都了解幼儿成长各阶段的发展特点。在我国，大部分的父母和祖辈都是靠经验来带养孩子，对幼儿的年龄特点、身心成长规律缺乏系统的认知。作为幼儿园，在实施家园共育的同时，让家长了解幼儿的年龄特点和学习方式，也是重要内容，只有这样，才能从源头上提供科学育儿的活水。如通过亲子活动“我爱阅读”让家长了解3—6岁幼儿阅读的特点是读图和反复阅读，阅读的理想方式之一是亲子共读，阅读的价值是促进观察能力、语言表达能力、想象力、情感发展等。同时，也可让家长了解如何为幼儿选择合适的阅读材料。再如，为新入园的小班组织的亲子活动“我上幼儿园”，一方面可以缓解新生的分离焦虑，另一方面也能指导家长正确面对幼儿从家庭走入集体的过程，了解该阶段幼儿的发展特点，对幼儿在园的学习生活有一定的心理预知。

（2）与家长和园所需要紧密结合的工作重点

幼儿在成长阶段，有些问题是家长已经意识到的，有些问题是根据幼儿成长的一般规律教师和家长即将面对的，还有些问题是幼儿园需要得到家长的理解、支持，达成双向合作意识的。那么，幼儿园在制定学期工作重点时，就需要以数据为基础，罗列本学期的家园工作重点，体现前瞻性。比如，4岁左右的孩子开始出现告状行为，亲子阅读活动中，可以有意识地选择类似《不要告状，除非是大事》这样的绘本，引导家长和幼儿共同反复阅读；冬季来临，为了鼓励幼儿按时入园，赢得家长对幼儿园作息制度的行动支持，可以利用周末有针对性地开展小班亲子体验活动“精彩晨练”等。六一运动会、节庆教育、环境创设等，都可以在学期开始时，根据需要加入学期计划。

有重点、有计划，亲子活动的实施才会更加从容，才能取得良好的效果。

4. 遴选活动方案

方案遴选很重要。活动方案要以本园、本年级、本班的当前现状为基础，结合社会环境、群体特点、文化背景等条件，选择适宜的内容为载体，设计出能激励亲子双方互动的活动。目前的亲子活动方案多倾向于以教师指导为主，即教师说什么，家长做什么，没有从根本上调动家长主动参与活动的意识，活动目标偏离，致使亲子活动有形无实，热闹了表面，忽视了本质。

（1）活动方案四要素

完整的亲子活动方案应包含价值分析、活动目标、活动准备、活动过程四个要素。价值分析能帮助教师明确活动设计意图、价值取向、幼儿发展特点。活动目标则需要涵盖幼儿发展目标和家长发展目标两个方面，从目标设定上体现亲子活动互动的特点。活动准备除了提供必要的材料外，更应该涉及经验、场地等，合理、有序、充分的准备是亲子活动顺利开展的保障。活动过程则包含亲子活动组织的开始、发展、结束各个环节的具体内容。与其他教学活动的过程不同，亲子活动的过程中，教师需要特别注意指导性，即对家长接来下做什么、怎么做给予指导。

(2) 优化活动方案

活动方案制定出来后，还需要进一步研讨，论证其可行性。比如，全园性活动方案，要研讨对不同年龄段的孩子是否有层级划分；母亲节、父亲节这样的活动，设计方案是否关注了情感价值的传递，是否遵循了情感先行、认知相随、行动在后的幼儿社会性发展特点等，都需要反复推敲，甚至小范围先行实践。一次亲子活动，其意义远不是提供一个家长和幼儿共同游戏的平台那么简单，活动推进是否流畅，环境是否安全，教师组织策略是否有效等，都在考量着亲子活动的价值，展现着园所文化和教育教学水平。正因如此，每一次亲子活动的方案都需要不断优化，力争活动目标明确，过程井然有序。

(二) 教师实施，落实活动流程与观察指导

明确亲子活动主题、内容后，班级教师就需要根据制定的活动方案组织本班(或参与本园)的亲子活动了。

1. 根据需要，做好充分的准备工作

基础材料、特定场地、前期经验等虽然不是活动的主体，但对推动活动顺利、有效地开展往往起着决定性作用，需要班级教师认真、细致地作好准备。

(1) 物质准备

开展亲子活动，不可避免地需要准备一些材料、器械等辅助用品，有的活动还需要特定的场地。因此，在审定方案后，教师应尽可能在短时间内收集好所需要的一切材料，以便于对材料的使用、数量、变因等进行前期了解，避免因准备仓促引起的突发状况。

如果需要一些特定的场地，教师则应提前对场地的位置、疏散通道、设备安全等方面进行细致查勘，对照平面图充分熟悉场地的结构，同时，预估场地的容量及与活动的相容程度，避免拥挤等情况发生。

(2) 经验准备

很多活动还需要一些经验作为支撑，比如亲子运动会中的游戏项目。因此，

教师可以提前利用海报、玩法示范等方式进行宣教，便于家长先期了解整个活动，在家里和孩子一起熟悉游戏玩法，练习游戏。还有的活动需要的是知识、技能等经验，这些则更需要教师在日常活动中有计划地作好准备，关系到家长的，也需要用合适的方式清楚地告知。及时、充分的经验准备，是幼儿和家长全情投入亲子活动的重要保障。

(3) 氛围渲染

氛围渲染可以从幼儿园外部环境、日常谈话交流等方面来进行。良好的氛围总是能让人感到愉悦，更重要的是，它可以在不知不觉中引发幼儿和家长对活动的期盼，使幼儿和家长对活动的如期到来有心理预知，对活动可能带来的体验有憧憬。

2. 明确目标，树立“和家长成为教育伙伴”的观念

从教育的整体性出发，家长、教师应该是伙伴关系。幼儿园教师在园所内对幼儿实施系统的学龄前教育，家长在家庭中继续接力，延续教育行为。不同的是，家庭教育针对的是个体，幼儿园教育更多地指向该年龄段幼儿的普遍规律，具有普适性。只有家庭教育与幼儿园教育有机地结合，幼儿的整个教育环境才完整。因此，教师要树立和家长成为教育伙伴的观念，尤其是在园所开展的亲子活动，该观念更应贯穿活动的始终。

(1) 退位策略

教师在日常教学中习惯了处于教育的主导地位，但到了亲子活动中，一定要转变观念，控制自己的行为。亲子活动的目的是提供一个平台，加强亲子间的互动，增进亲子感情，向家长传递科学的育儿方法，核心是亲子间的有效互动。因此，教师在亲子活动中的重要工作是设置情境、营造氛围，为家长和幼儿间的互动创造条件。在亲子活动中，教师是观察者、引导者，需要有退位意识，把问题、情境抛给幼儿和家长，激励他们共同解决问题。

(2) 知识补给

教师除了要有学前教育的学科专业知识外，对于家庭教育的知识也应该积极地储备起来。这样便于站在不同的角度看待问题、分析对策、解决问题，更能在指导家长育儿时发力精准。在设计和指导亲子活动时，理论依据也会更加充分，对幼儿及家长的了解也能更为全面。

3. 实际操作，落实以“导”为主的指导行为

每个家庭都有其独有的家庭氛围、文化背景、生活习惯，这些都影响着家庭

成员看待问题的角度和解决问题的方式方法。作为教师，应该尊重有益的家庭教育行为，学习和肯定好的方法，同时充分发挥自身的角色特点，以“导”为主，促进幼儿和家长间的互动。

(1) 明晰活动目标，明确指导策略

每一个亲子活动都有既定的目标，教师在组织实施的过程中，目标内化是首要任务。知道活动要做什么，怎么做，为什么这么做，同时构思与之匹配的提示和指导家长的策略，这样，在活动过程中，就能轻松传递要求，使家长第一时间了解自己的任务。需要特别注意的是，在亲子活动中，教师是活动的推进者，而不是活动的指挥者，切忌以主导意识直接指挥家长和幼儿。教师可以用语言启发、榜样示范、讲解说明、引入媒介等方式，引导家长充分参与到亲子活动中来，感受与孩子一起游戏的乐趣。例如，在“我爱妈妈”的亲子活动中，教师可以引导幼儿对妈妈说一句“甜甜的话”，但不宜要求幼儿都对妈妈说“我爱你”。

(2) 细致观察，适时帮助

活动中，教师需要关注每一个家庭，尤其是在亲子活动中较为被动，确实困难或矛盾明显的家庭。如果是当下能解决的问题，教师可以在引导未果后，适时提示帮助；如果是家庭本身亲子关系或育儿方法的问题，教师对其的帮助则要延伸到日常生活中。总之，在家长和幼儿需要的时候，教师要及时给予不同程度的支持。

教师是亲子活动流程的助推器，活动节奏、活动走向、价值提升等，都有赖于教师在活动中的有效引导和观察指导。

(三) 家长参与，增进亲子关系，提高育儿水平

受我国传统家庭文化的影响，很多家庭的亲子教育意识不强，父母在生育孩子前没有接受过专业的培训，大多是从祖辈或其他亲友处学习为人父母的经验。这些经验普遍存在重孩子的智力开发，轻个性、情感、习惯培养的倾向，且在独生子女的家庭中，存在家长过度保护、隔代抚养等现象，容易引发关于亲子教育的诸多矛盾。随着社会的发展，许多年轻家长已经意识到家庭教育的重要性，而幼儿园作为学龄前教育的主要承担机构，担负着向家长和社会宣传科学育儿方式方法的责任。著名的教育学家苏霍姆林斯基说过，“没有家庭教育的学校教育和没有学校教育的家庭教育，都不可能完成培养人这样一个极其细微的任务”。亲子活动是一个很好的媒介，连接幼儿园和家庭，家长在参与活动的过程中，通过教师引导、亲身体验等方式，能够了解幼儿的发展现状和年龄特点，增进与孩子

的互动交流，并学习、掌握科学育儿的方法。

1. 亲密接触，共同体验

虽然各个年龄段亲子活动的内容、要求不同，但都需要父母（或祖辈）与孩子间亲密接触，共同完成活动中的某些任务。在完成这些任务的过程中，家长与孩子间发生的肢体接触、沟通对话、情感交流等，都将成为亲子互动的窗口，照见彼此。

（1）了解孩子的特点，接纳孩子的行为

因为缺乏深入的接触，家长对孩子的了解往往停留在想当然中。亲子活动为家长和孩子创设了共同参与的情境，重要的是，在这个情境中，有一群年龄相仿的孩子和父母，还有不断引导的教师。孩子的行为、性格特点，解决问题的方式等在群体活动中展现出来，教师对该年龄段幼儿的普遍现象进行引导说明，家长对该年龄段幼儿的整体水平感知体验，获得较为理性的了解。对孩子有了了解，才能理解和接纳孩子的行为。而且家长亲自参与幼儿园的教育活动，对幼儿园教育的目标、内容、方式方法将会有更准确的把握，能更有的放矢地进行家园合作。

（2）充分发挥父母行为的影响

对于幼儿来说，家长的到来，能让他们感受到幼儿园如家庭般温暖，会产生更强的安全感和大胆探索的勇气。同时，因为教师与家长都是幼儿生活中重要的人，知道他们都同时关注着自己的活动和表现，会让幼儿产生较强的成就动机。幼儿在安全的心理氛围下，易于产生自由感，也更乐于与同伴互动，进行合作学习。

研究表明，父母的行为对儿童发展的影响是无处不在的。有人在回顾有关早期干预研究的文献后得出结论：为了获得最好的效果，干预应该既要针对父母又要针对儿童，干预的重点应当是促进亲子之间的互动。这表明，父母的养育行为是可以学习的，父母养育行为的变化也和儿童的发展进步相关。[1]

2. 适时梳理，共享经验

完整的亲子活动不止于活动结束的那一刻，还应该包括活动的反思、梳理和分享。这些过程都需要邀请家长一起参与，当然，形式可以多样。只有这样，才能从实践中提炼出有益的经验，帮助家长提升育儿水平。

---

[1] 凯西·西尔瓦等.学前教育的价值[M].北京：教育科学出版社，2011：68.

（1）活动现场教师梳理

在活动中，有的家庭与幼儿的互动非常流畅、精彩，教师可以根据现场情况，及时提炼、梳理，引发其他家庭模仿、学习，促进亲子间的有效互动。例如，在大班亲子游戏“推小车”中，教师在梳理成功家庭的经验时说：“××爸爸平常在家就经常与宝宝玩游戏，推小车已经配合得相当默契了，他知道要根据小朋友的高度，弯腰紧握孩子的脚踝处。”这样，既很好地向家长传递了日常生活中就需要多进行亲子互动的信息，又将游戏的方法传达了出来。教师在梳理的过程中也要避免只注重技术问题、忽视情感体验的情况。

（2）活动过后家长反思

有的活动，教师可以组织家长以回顾、反思等方式进行讨论，可以利用班级QQ群、微信群等社交工具，也可以组织沙龙，如妈妈沙龙、爸爸沙龙等，还可以请活动中互动精彩的家庭介绍自己与幼儿互动时的技巧、想法，以及一些育儿举措等。形式尽可能丰富，气氛轻松，不要给家长造成负担、带来压力。如果每次亲子活动后都有一个回顾、反思的总结工作，那家长就可以在互动中相互学习、相互影响，切实提高自身的育儿水平，幼儿园亲子活动的开展将效果明显。

第二章

幼儿园小班亲子活动案例

一、结合幼儿发展目标开展的小班亲子活动

(一) 小班班级形式的亲子活动

幼儿园里朋友多

价值分析

3—4岁的幼儿来到幼儿园,能接触到许多同龄小伙伴。《指南》在论及3—4岁幼儿的典型表现时,对幼儿提出"愿意和小朋友一起游戏","想加入同伴的游戏,能友好地提出请求","在成人指导下,不争抢、不独霸玩具","对群体活动有兴趣","对幼儿园的生活好奇,喜欢上幼儿园"等合理期望,并相应地对成人提出"(为幼儿)创造交往的机会,让幼儿体会交往的乐趣","鼓励幼儿参加小朋友的游戏,(让幼儿)感受到有朋友一起玩的快乐""对幼儿与别人分享玩具、图书等行为给予肯定"等教育建议。"幼儿园里朋友多"这一活动即是根据上述《指南》精神所设计的,旨在让幼儿在和家长共同参与活动的过程中,体验与同伴友好交往的乐趣,学习最粗浅的交往技巧,增进与同伴间的感情,使他们更好地适应幼儿园生活,并增进亲子感情。

活动目标

1. 幼儿发展目标:

(1) 乐于与同伴交往,体验与老师、同伴友好共处的快乐。

(2) 在成人指导下,能分享自己的玩具和食物。

(3) 知道自己是集体中的一员,萌发初步的群体意识。

2. 家长发展目标:

(1) 关注幼儿交往能力的培养,鼓励幼儿积极与同伴游戏。

(2) 积极创造交往机会，引导幼儿逐渐学习并掌握交往技能。

(3) 营造融洽、和睦的家庭气氛，增进亲子感情，培养幼儿良好的个性。

活动准备

1. 经验准备：

幼儿会简单的自我介绍，如：我叫小语，我3岁了。

2. 材料准备：

(1) 教师制订和发放《家长活动须知》。

(2) 每个幼儿照片一张(或将幼儿的照片制作成PPT)，背景音乐《找朋友》。

(3) 球若干，玩具若干。

3. 场地准备：

教师事先将班级内场地空出来，保证家长与幼儿有充足的空间活动。

活动过程

1. 玩游戏“找朋友”，共同体验集体游戏的快乐。

(1) 让幼儿在照片墙里找自己的照片，并介绍自己。

教师：找一找，你的照片在哪里？请告诉我们你叫什么名字？

(2) 让幼儿找自己好朋友的照片，并说说他(她)在哪里。

教师：找一找，说说照片上的小朋友在哪里？告诉我们他(她)叫什么名字？你座位旁边的新朋友叫什么名字？他(她)的照片在什么地方？

(3) 让幼儿玩滚球游戏“找朋友”，体验与同伴游戏的快乐。

游戏玩法：熊猫妈妈带来许多大皮球，小熊猫找到一个好朋友一起滚球玩。你把球推给我，我接住球再传给你，球滚来滚去真好玩。

幼儿两两结伴玩滚球游戏，互相简单交流，说说自己的名字。

(家长参与游戏，亲身示范游戏的玩法，鼓励幼儿介绍自己、主动找朋友。教师要关注幼儿的参与度，对幼儿保持微笑，并适时给予鼓励，用充满童趣的语言进行评价。)

2. 随音乐《找朋友》做游戏，学习有礼貌地打招呼，表达亲子、同伴互爱的情感。

(1) 师幼谈话，了解与朋友打招呼的方法。

教师：我们可以用什么动作向朋友打招呼？(拥抱、亲吻、握手)

(2) 幼儿随音乐找朋友，用动作表现礼貌和友好。

教师：你们学会了“你好”、“大家好”、“哈啰”、“嗨”等打招呼时说的话，还学会了拥抱、亲吻、握手等打招呼的方式，并且都找到了好朋友，真开心呀！

3. 猜一猜“他是谁”，辨认朋友的声音，巩固对小伙伴的认知。

游戏玩法：全体闭上眼睛。一组家庭在老师的安排下躲在幕布后面和大家说话，集体猜一猜说话的是哪组小朋友和家长。游戏轮流进行。

（家长积极、热情地参加活动，鼓励幼儿积极参与活动，对于亲近同伴的行为予以及时的赞扬。教师引导幼儿口齿清楚地进行表述，对互动好的家庭给予及时的肯定。）

4. 玩游戏“大家一起真开心”，学习分享、交换的社交行为，感受分享的快乐。

教师：每个小朋友都带来了自己喜欢的玩具，怎样才能玩到更多玩具，体会更多快乐呢？交换玩具的时候要说些什么？

介绍自带玩具，并将玩具放在展示台上，幼儿在家长的帮助下分享和互换玩具。

（家长鼓励幼儿与同伴分享玩具，对幼儿的分享行为给予肯定。教师引导幼儿主动分享，用动作、表情和简短的语言表达分享后的愉快心情。）

活动延伸

1. 家长多带幼儿参加群体活动，培养幼儿活泼开朗的性格。

2. 家园合作，通过多种形式，帮助幼儿掌握交往技能，体验同伴友好交往的乐趣。

寒冷的冬天

价值分析

3—4 岁的幼儿具有最粗浅的认知能力，对寒冷的冬天有着一定的经验。《指南》在论及 3—4 岁幼儿的典型表现时，对幼儿提出“喜欢接触大自然，对周围的很多事物和现象感兴趣”，“能感知和体验天气对自己生活和活动的影响”，“喜欢观看大自然中美的事物”，“愿意与熟悉的长辈一起活动”，“能感受到家庭生活的温暖，爱父母，亲近与信赖长辈”，“经常涂涂画画、粘粘贴贴并乐在其中”，“喜欢参加体育活动”等合理期望，并相应地对成人提出“主动亲近和关心幼儿，经常和他们一起游戏或活动，让幼儿感受到与成人交往的快乐，建立亲密的亲子关系”，“结合幼儿的生活需要，引导他们体会人与自然的依赖关系，如季节变化与人们生活的关系等”，“经常和幼儿一起在户外运动和游戏”，“在幼儿自主表达创作中，不做过多干预或把自己的意愿强加给幼儿，在幼儿需要时再给予具体的帮助”等教育建议。“寒冷的冬天”这一班级亲子活动，即是根据上述《指南》精神所设计的，旨在让家长和幼儿在参与亲子游戏的过程中，共同感知冬季季节的特征，体验一起创作小雪人和打雪仗的乐趣，增进感情，增强幼儿的家庭归属感。

活动目标

1. 幼儿发展目标：

(1) 乐意参加与冬季有关的各类游戏活动，感受冬季寒冷的季节特征。

(2) 能用声音、动作、姿态模仿表现雪人的外形特点。

(3) 初步了解冬季的季节特征，尝试用简短的语言进行描述。

2. 家长发展目标：

(1) 主动参与亲子游戏活动，营造有爱的亲子氛围，增进亲子感情。

(2) 引导幼儿体会季节变化与人们生活的关系，运用多种方式帮助幼儿了解、感知冬季。

(3) 支持幼儿对冬季进行艺术表现和创作，尊重幼儿的独特感受，及时给予肯定与帮助。

活动准备

1. 经验准备：

幼儿知道冬天与夏天人们在着装上的区别；堆过雪人，观察过雪人的基本特征。

2. 材料准备：

(1) 教师制订和发放《家长活动须知》。

(2) 雪娃娃图片，棉花、蓝色卡纸、胶水、报纸、鞋盒、篮子等若干，冬娃和夏娃的手偶。

3. 场地准备：

教师事先将班级内场地空出来，保证家长与幼儿有充足的空间活动；在操场上规划好“打雪仗”的游戏场地及标线。

活动过程

1. 观看手偶表演《夏娃冬娃来做客》，感知冬天与夏天的区别，巩固冬天天气寒冷的经验认知。

(1) 家长和幼儿一起观看手偶表演，并交流表演中发生的事情。

教师：夏娃和冬娃不知道该穿什么衣服，请你们帮助他们！

(2) 家长和幼儿一起了解游戏玩法，并合作游戏，体验亲子竞赛的趣味。

游戏玩法：家长扮演夏娃，幼儿扮演冬娃。家长和幼儿根据教师关于季节的口令为自己所扮演的角色选择一件正确的衣物及配饰。选择错误时，要减去一件衣物或配饰，最后看看谁身上剩下的衣物及配饰最多。

（家长掌握游戏的玩法，并引导幼儿正确游戏。教师鼓励幼儿和家长竞赛，根据口令为手偶选择合适的衣物。）

2. 制作亲子手工《雪娃娃》，表现雪娃娃的外形特征，感受共同创作的乐趣。

(1) 家长和幼儿一起观察雪娃娃的图片，并交流雪娃娃的外形特点。

教师：你看到的雪娃娃是什么样的？它的外形有什么特点？

教师总结：雪娃娃的头像小圆球，身体像大圆球，头和身体是连在一起的，全身白白的像棉花。

（家长引导幼儿按照一定的顺序去观察雪娃娃的外形特点，如从上往下、从整体到部分地观察。幼儿在家长的指导下，用语言、肢体动作表现雪娃娃的外形。）

(2) 家长和幼儿一起了解美工材料，并探讨雪娃娃的装饰方法。

教师：这里提供了什么材料？你会怎么利用这些材料来装饰雪娃娃呢？

教师总结：先在雪娃娃身上涂上适量的胶水，再将棉花贴满雪娃娃全身。

(3) 家长画画，幼儿贴画，体验共同创作的快乐。

（家长要尊重幼儿的想法，鼓励幼儿自主表达创作，不做过多干预或把自己的意愿强加给幼儿。幼儿大胆创作，用粘贴的方法表现雪娃娃的外形特点。）

3. 玩亲子游戏“打雪仗”，练习单手投掷的动作，体验玩投掷游戏的快乐。

(1) 进行团雪球比赛，锻炼手指头。

教师：怎样才能把雪团成雪球？团好的雪球可以怎么玩？

（家长应放手让幼儿自己团雪球，并可与幼儿进行团雪球比赛，看谁的雪球搓得更紧、更牢固。教师要提醒家长边团边肯定幼儿的作品，提醒幼儿将雪球搓紧，激励幼儿与家长比赛，与家长探索各种玩雪球的方法。）

(2) 家长和幼儿一起打雪仗，体验玩投掷游戏的快乐。

（家长带领幼儿在规定区域进行游戏，注意自身与幼儿的安全，提醒幼儿投掷时要注意不朝着对方的脸投。）

活动延伸

1. 家长带幼儿了解常见的保暖用品及其使用方法。

2. 在下雪天，家长要坚持带幼儿进行户外活动，增强幼儿的抗寒能力。

我爱我家

价值分析

家庭是3—4岁幼儿赖以生存的环境，父母等家人是幼儿最亲密的人。然而，一些家长在无微不至地关心和爱护幼儿的同时，也不同程度地忽略了对幼儿进行“爱家人”的教育。《指南》在论及3—4岁幼儿的典型表现时，对幼儿提出“愿意与熟悉的长辈一起活动”，“长辈讲话时能认真听，并能听从长辈的要求”，“对群体活动有兴趣”，“在提醒下能遵守群体活动和公共场所的规则、爱护物品”，“能感受到家庭生活的温暖，爱父母，亲近与信赖长辈”等合理期望，并相应地对成人提出“经常和他(她)一起游戏或活动……建立亲密的亲子关系”“(为幼儿)创造交往的机会”“了解每个人都有特长……友好相处”“经常和幼儿玩带有规则的游戏，遵守共同约定的游戏规则”等教育建议。“我爱我家”这一班级亲子活动，即是根据上述《指南》精神所设计，旨在通过亲子间互相夸赞，一起表演诗歌、舞蹈，玩穿衣游戏、品尝家长提供的美食，共同感知、体验、遵守公共场所的基本规则和礼仪等过程，增进亲子感情，促进幼儿对父母的体贴和对家庭的热爱。

活动目标

1. 幼儿发展目标：

(1) 体验与家人念诗歌、玩游戏的乐趣，加深爱家人的情感。

(2) 能在集体中使用基本的礼貌和夸赞用语，乐意参与到游戏来说一说、做一做、尝一尝。

(3) 初步感知、体验、遵守集体活动的基本规则和礼仪。

2. 家长发展目标：

(1) 感受与幼儿互夸互爱的喜悦，营造充满爱意的亲子氛围。

(2) 引导幼儿大方地参加活动的每个环节，鼓励其运用语言和动作表达爱家人的情感。

(3) 关注幼儿情感培养，引导其体谅、关心家人，礼貌地对待周围的人。

活动准备

1. 经验准备：

(1) 幼儿会边念边表演诗歌《快乐的小鸟》。

(2) 家长与幼儿练习夸奖家人，会跳集体舞《我爱我家》。

2. 材料准备：

(1) 教师制订和发放《家长活动须知》。

(2) 背景音乐《我爱爸爸我爱妈妈》《我爱我家》；筷子、小勺、纸巾若干，微波炉2台。

(3) 每个家庭带一件有纽扣、宽松的外套；准备一道拿手菜或自制点心，当天带来。

3. 场地准备：

教师根据主题布置音乐大厅，设置起点线、终点线，准备椅子若干。

活动过程

1. 爱的开场。家长和幼儿一起进行诗歌表演《快乐的小鸟》，感受互动的快乐。

幼儿扮演小鸟，家长扮演大树，一起边念诗歌边表演：

爸爸妈妈是大树，（家长蹲着或者坐在地上表现大树的造型）
我是一只小——鸟，（幼儿扇动“翅膀”）
我爱飞来飞——去，（“飞”到爸爸或妈妈面前）
我爱飞来飞——去。（“飞”到爸爸或妈妈面前）
跟妈妈说——话，（贴近妈妈怀抱）
跟爸爸唱——歌，（贴近爸爸肩膀）
啊——我多快乐！（和爸爸妈妈一起摆造型）

（教师给大约 3 分钟时间让家长带幼儿在场地内自由走动，以适应新环境。提供诗歌字幕，提醒家长跟随老师念诵，要求家长以眼神、表情和动作与幼儿互动，适时提醒家长做动作，如“妈妈亲亲小鸟”“爸爸抱抱小鸟”等。）

2. 爱的夸赞。家庭成员间互相夸赞，感受父母之间、母子（女）或父子（女）之间的爱。

（1）一个家庭上台示范：幼儿向大家介绍自己的家庭成员，接着以父母互夸、父子（女）互夸、母子（女）互夸的形式互相夸赞，表达对家庭成员的爱意。

（2）以五个家庭为一组自由结队，每个家庭依次按照环节（1）的形式自我介绍和互相夸赞。（播放背景音乐）

（3）家长亲吻、拥抱幼儿，同时引导幼儿回应家长。（播放背景音乐）

（教师鼓励幼儿介绍家长时能大方地说出“这是我的妈妈”或者“我的爸爸是医生”等类似句子；家长使用幼儿可以理解的两三个短句来夸赞幼儿；教师提醒参与者友善地为其他家庭鼓掌。）

3. 爱的接力。玩亲子游戏“穿衣接力”，感受家庭成员间互相帮助的快乐。

（1）教师交代游戏玩法：一名家长和一名幼儿为一组，幼儿站在起点线上，家长坐在对面终点线外（间隔 6—8 米）；哨声响起时，幼儿拿起衣服快速跑向家长，家长展开双臂让幼儿给自己穿上衣服、扣上扣子；待衣服完全穿好后，家长背起幼儿跑向起点线。规则：幼儿听到口令后起跑；幼儿给家长穿衣时，家长保持展开双臂的姿势，不能动手帮忙。

(2) 全班分成若干队，每队五个家庭玩穿衣接力。按顺序前一个跑回的家长轻触后一名幼儿的手之后，该幼儿方能起跑。

(3) 全体为完成游戏而欢呼，家长拥抱幼儿，互相鼓励。

（家长鼓励幼儿独立帮父母穿衣、扣扣子，困难较大时，则就势协助完成；背幼儿跑时注意抓牢幼儿身体，安全第一、不争抢速度。家长始终以平和的心态引领幼儿，重在感受亲子互助的快乐。）

4. 爱的味道。品尝家庭自制美食，进一步感受家庭的温馨。

(1) 将桌子拼成长条状，每个家庭将事先准备的拿手菜或点心放到微波炉里加热后端上桌，并给自己的菜品摆上标签，写上菜名和制作者，如“香菜牛肉，思怡妈妈”等。

(2) 洗手后大家自由品尝爱心美食，教师引导幼儿将自己觉得最好吃的食物喂给爸爸妈妈吃，爸爸妈妈也有选择地喂给幼儿吃。

（教师指导家长和幼儿注意用餐礼仪，如：说话时嘴巴避开公共食物；品尝喜爱的食物时适可而止，注意留给他人；及时清理掉落的食物……家长告诉孩子所尝食物的名称和制作者，并简要夸赞该食物，或当面夸赞制作者；同时，在保证不扰乱肠胃功能的情况下让孩子品尝丰富多样的食物。）

5. 爱的舞蹈。教师简要总结活动情况，再次强调日常生活中表达和培养亲子感情的重要性。

全体跳亲子集体舞《我爱我家》，之后一起整理活动场地、收拾物品，互相道别，活动结束。

活动延伸

1. 家长可以在每晚睡前安排亲子阅读时间和聊天时间，既能培养良好的阅读习惯，又能促进亲子关系，拓宽亲子间的话题。

2. 家长可以有意识地安排幼儿做一些力所能及的家务劳动，并及时给予支持和肯定。

(二) 小班年级形式的亲子活动

观察小蝌蚪

活动价值

幼儿天生就对小动物充满好奇。春暖花开的时节，池塘、河沟里到处是成群

结队的小蝌蚪，正是观察其生长过程的好时机。《指南》中指出幼儿应“认识常见的动植物”，且成人应“支持幼儿在接触自然、生活事物和现象中积累有益的直接经验和感性认识，如和幼儿一起通过户外活动、参观考察、种植和饲养活动，感知生物的多样性和独特性，以及生长发育、繁殖和死亡的过程”。本活动让幼儿在饲养小蝌蚪的过程中，了解青蛙的生长发育过程，体验并积累直接经验，有助于培养幼儿认真、细致的观察习惯，增进对小动物的热爱之情。

活动目标

1. 幼儿发展目标：

(1) 愿意观察并照顾小蝌蚪，感受饲养小蝌蚪的责任和乐趣。

(2) 学习画小蝌蚪的简单方法，为记录作准备。

(3) 尝试用绘画、拍照片等方式简单记录青蛙的生长过程。

2. 家长发展目标：

(1) 感受亲子活动对幼儿教育的价值和意义，愿意陪幼儿一起观察动物。

(2) 学会用合适的方式帮助幼儿完成学习任务，如提醒、询问，而不是包办。

(3) 教幼儿细致地观察事物，培养其专注力和观察力。

活动准备

1. 经验准备：

幼儿有画蝌蚪的经验。

2. 材料准备：

(1) 教师制订和发放《家长活动须知》。

(2) 故事《小蝌蚪找妈妈》；玻璃缸、网子、透明小瓶子等。

3. 场地准备：

教师事先联系一家公园，并得到公园的支持与许可；活动前进行场地布置、区域划分。

活动过程

1. 找一找，小蝌蚪在哪里，了解小蝌蚪的生长环境。

(1) 幼儿及家长分班集合，教师交代活动流程及注意事项。

(2) 分班前往公园，要求在规定时间到达指定集合地点。

(3) 以家庭为单位寻找小蝌蚪。

（教师按班级清点人数，简单交代活动规则及安全事项。引导家长有意识地让幼儿自己寻找小蝌蚪，并多与幼儿交谈，感受春天景色及亲子互动的愉悦。）

2. 观察小蝌蚪，了解其外形特点。

(1) 每三个家庭为一组，用网子捞3—4只小蝌蚪，放进透明的小瓶里。

(2) 家长引导幼儿观察小蝌蚪，并用语言来描述小蝌蚪的颜色、脑袋和尾巴的样子、游泳动作等。

(教师引导家长关注幼儿的语言和动作，鼓励幼儿大胆说出来，并及时肯定。)

3. 讨论谁是小蝌蚪的妈妈，初步了解蝌蚪的生长过程。

(1) 幼儿分班集合，听老师讲述故事《小蝌蚪找妈妈》。

(2) 集体讨论：小蝌蚪的妈妈是谁？为什么小蝌蚪和妈妈长得不一样呢？小蝌蚪是怎样变成青蛙的？它吃什么？

(通过了解小蝌蚪的生长过程，激发幼儿饲养小蝌蚪的兴趣，知道青蛙是对人类有益的动物。)

4. 带小蝌蚪回家，完成观察记录。

(1) 每班留下5—6只小蝌蚪，带回幼儿园饲养。

(2) 幼儿和家长一起把其余的小蝌蚪放回池塘。

5. 收拾物品，回家。

活动延伸

1. 教师可开展集体教学活动，让幼儿学画小蝌蚪，为记录作准备。

2. 教师可引导幼儿每天观察小蝌蚪的生长，及时做好记录。

3. 家园共育：要求幼儿回家找一找饲养蝌蚪的相关知识，并记录下来；在幼儿园为幼儿提供交流讨论相关话题的机会。请家长配合相关工作，如帮助幼儿上网查阅资料，抓小沙虫等。

二、结合社会文化开展的小班亲子活动

(一) 小班班级形式的亲子活动

参观动物园

价值分析

3—4岁的幼儿特别喜欢动物，动物园是他们最喜欢去的场所之一。《指南》在论及3—4岁幼儿的典型表现时，对幼儿提出“能认识常见的动植物，能注意并发现周围的动植物是多种多样的”，“能感受到家庭生活的温暖，爱父母，亲近与信赖长辈”，“对群体活动有兴趣”，“在提醒下，能遵守游戏和公共场所的规则”等

合理期望，并相应地对成人提出“和幼儿一起通过参观考察，感知生物的多样性和独特性”，“和幼儿一起外出游玩”，“多和孩子一起游戏”，“结合社会生活实际，帮助幼儿了解基本行为规则”等教育建议。“参观动物园”这一班级亲子活动，即是根据上述《指南》精神所设计的，旨在让幼儿和家长在同游的过程中，通过共同亲近动物、观察动物、了解动物，共同感知、体验、遵守公共场所的基本规则，增进亲子感情，增强家庭归属感。

活动目标

1. 幼儿发展目标：

(1) 体验亲子同游的乐趣，萌发关爱小动物的情感，产生探究小动物的兴趣。

(2) 学习有序地观察，了解常见动物的外形特征和生活习性。

(3) 初步感知、体验、遵守参观动物园的基本规则。

2. 家长发展目标：

(1) 积极参与亲子同游活动，营造有爱的亲子氛围，增进亲子感情。

(2) 引导幼儿有目的、有序地观察小动物，鼓励幼儿大胆地表述自己的发现。

(3) 关注幼儿的情感培养，引导幼儿亲近、关爱小动物。

活动准备

1. 经验准备：

(1) 幼儿喜欢小动物，大致了解外出游玩的安全常识。

(2) 家长提前了解活动目标及活动内容。

2. 材料准备：

(1) 教师制订和发放《家长活动须知》，安排好出行车辆。

(2) 各种动物图片。

3. 场地准备：

教师提前联系动物园，确定标志明显、宽敞的集合地点，规划活动路线。

人员分工

人员	负责项目
教学部门主管	审核班级亲子活动方案。
班长教师	制订班级亲子活动方案、发放通知，做好班级幼儿和家长的组织管理工作。
配班教师	准备活动相关物资，配合班长教师做好班级幼儿和家长的组织管理工作。

（续表）

人　员	负　责　项　目
保育教师	准备相关生活用品，负责生活护理工作，并配合班长教师做好班级幼儿和家长的组织管理工作。
家　长	准备水、毛巾等生活用品，配合教师开展活动，负责幼儿安全。

活动过程

活动前

1. 制定方案：

(1) 方案初定：班长教师制订参观动物园的亲子活动方案。

(2) 方案讨论：班长教师召集班级教师、家委会代表开会讨论班级亲子活动方案，听取各方意见，修订完善亲子活动方案。

(3) 方案通过：修订完善后的亲子活动方案，交由教学部门主管审核，提出实施意见，通过方案；班级教师学习方案，进行分工准备。

2. 实施前准备：

(1) 踩点准备：班长教师对动物园活动地点进行踩点，熟悉活动路线、动物园场地周边状况、休息地点、洗手间、交通路线、集合地点等。

(2) 物品准备：多种小动物图片、游戏小奖品、相机、纸巾、袋子，外伤止血用医疗用品。

3. 拟定发放通知：

(1) 活动通知：由班级印发，明示活动意图、时间、地点、基本要求、双方责任义务。（附通知）

(2) 活动回执：活动计划以通知形式告知家长，内附家长意见征集表，预先了解家长参与情况。（附家长意见征集表、安全协议书）

活动中

1. 亲子游览：小动物你好。学习有序地观察动物，了解动物的外形特点。

教师：动物园里有哪些动物？分别长什么样子？

教师引导幼儿有序地观察动物的外形，了解动物的外形特点。

（教师指导家长关注活动中的安全问题，时刻注意让幼儿与动物保持安全距离；关注幼儿观察习惯的培养，引导其进行有序、有针对性的观察，并积极回应幼儿的提问。教师引导幼儿用简短的语言描述自己看到的情景，能把自己的发现及时告诉家长。)

2. 亲子体验:给小动物喂食。激发幼儿关爱小动物的情感。

教师:小动物们吃的东西和我们一样吗?它们喜欢吃什么?要怎样爱护它们?

教师讲解给动物喂食的方法,指导家长带领幼儿给小动物喂食。

(家长教幼儿给动物喂食的正确方法,引导幼儿观察动物的进食方式与习惯;关注幼儿喂食动物的安全,提醒幼儿不能把手放进动物的嘴巴里,不能用粗暴的方式喂食,要为小动物选择合适的食物。)

3. 亲子游戏:小动物在哪里。辨认动物,回忆动物所在的位置,以锻炼和增强记忆力。

(1) 教师分发动物图片,讲解游戏规则。

游戏玩法:每组家庭持相同数量的动物卡片,寻找图片中的动物并和动物合影,最先完成回到指定地点的家庭获胜。

(2) 幼儿和家长合作,快速寻找图片中的动物,体验亲子合作的快乐。

(家长引导幼儿自主观察图片中的动物,说出动物的名称,回忆图片中动物所在的大概位置,在幼儿有困难的时候再予以帮助。教师提醒幼儿活动时注意安全,不要与家长分开太远。)

4. 亲子游戏:猜猜谁来了。巩固对动物的认识。

游戏玩法:家长和幼儿各为一队,家长扮演动物摆出动物造型,幼儿根据表演猜动物名称。

(教师引导家长选择幼儿所熟悉的动物,通过声音、肢体动作大胆模仿表演;同时引导幼儿根据家长的表演并对照动物的特点,大胆猜测动物名称;对参与表演的父母表示感谢。)

5. 共同整理活动场地,收拾物品回家。

活动后

1. 家庭拓展活动:

(1) 在家喂养适合的小动物,鼓励幼儿自己照顾小动物。

(2) 家长与幼儿共同谈论动物园里的情景,回忆所见动物的名称及特点,用自己的方式记录参观见闻与感受。

2. 园所后续活动:

(1) 召开班内总结会:对亲子活动方案实施情况进行全面总结,梳理有益经验，查找问题原因，寻找解决对策，形成书面报告。

(2) 收集家长反馈：以访谈或问卷的方式了解家长意见、幼儿活动情况以及身体状况。(附家长问卷)

(3) 物品整理入库：将活动用品整理归类并定点存放。

(4) 资料整理建档：将所有活动方案、过程记录、活动总结等文件整理存档。

附 1

通　　知

________________小朋友家长：

我班正在开展"可爱的小动物"主题活动，为了帮助孩子更好地观察、了解动物，丰富相关经验，特诚邀您和孩子一同前往动物园参观。

时间：　　年　　月　　日

地点：××生态动物园

活动流程：

时　　间	活　动　内　容
8:00	幼儿园大门集合，登车
9:00—9:30	集体合照，安全教育
9:30—10:30	亲子游览：小动物你好
10:30—11:00	亲子体验：给小动物喂食
11:00—11:30	亲子游戏：小动物在哪里
11:30—12:30	亲子游戏：猜猜谁来了
12:30	动物园大门集合，登车返回

注意事项：

(1) 接到通知后，请您根据实际情况填写《家长意见征集表》和《安全协议书》，并及时交回至班级教师处。

(2) 请您和孩子按要求在上午 8:00 准时到达幼儿园大门处集合登车。

(3) 请为孩子准备好饮用水、毛巾、衣物等生活用品。如晕车，请提前作好相关准备。

(4) 活动期间，请您听从带班教师安排，引导孩子有序上、下车及参观，不

拥挤、不追跑、不打闹，爱护公共环境，不随地扔垃圾，给孩子做出良好的示范和榜样。

(5) 参观时，请您遵守动物园的安全制度，与动物保持安全距离，照看好孩子并注意自身的安全。

(6) 活动期间，请您保持手机畅通，有特殊情况及时与教师联系。

______幼儿园____班

年　　月　　日

附 2

家长意见征集表

幼儿姓名		班　　级	
您是否参加此项活动？（请按意愿填写“自愿参加”或“不参加”）			
参与家长姓名		与幼儿关系	
说明	1. 此活动由园方发起，家长按意愿决定是否参与。 2. 活动过程中，家长须看护好自己的孩子，全程负责孩子和自身的安全。如有任何安全意外，自行承担责任。 3. 为保证活动顺利开展，请由父母亲自参与活动。如有特殊情况需祖辈参与，请在班级教师处签订《安全协议书》。		

______幼儿园____班

年　　月　　日

附 3

安全协议书

______班幼儿______，父母因故不能参加“参观动物园”的班级亲子活动，由孩子的______（请填祖辈姓名及与幼儿关系）参与活动，全程负责孩子及其自身的安全。如有任何安全意外，由本人自行承担责任。

幼儿家长：______

______幼儿园____班

年　　月　　日

附 4

家长问卷

<table>
<tr><td>幼儿姓名</td><td></td><td>班　　级</td><td></td></tr>
<tr><td>参与家长姓名</td><td></td><td>活动时间</td><td></td></tr>
<tr><td colspan="4">亲爱的家长朋友，“参观动物园”活动圆满结束，感谢您对本次活动的支持与配合。为了更好地开展下次活动，我们需要您提供本次活动的反馈。
1. 您认为此次参观活动中哪个环节最精彩？

2. 您认为此次参观活动哪个环节需要改进？

3. 您参加此次活动的收获是什么？

4. 您在活动过程中最需要得到老师哪些方面的指导？

幼儿家长：______
______幼儿园____班
年　　月　　日</td></tr>
</table>

快乐阅读

价值分析

良好的阅读习惯和阅读兴趣要从小培养，而小班幼儿的阅读经验相对较少，受家庭教养方式影响，个体差异较大。《指南》语言领域提出的幼儿早期阅读目标包括“主动要求成人讲故事、读图书”，“爱护图书，不乱撕、乱扔”等，同时对成人提出“(为幼儿)提供一定数量、符合幼儿年龄特点、富有童趣的图画书”，“经常抽时间与幼儿一起看图书、讲故事”等教育建议。本活动旨在培养幼儿对图书的兴趣，教幼儿学习爱护图书的正确做法，同时引导家长关注幼儿的早期阅读，培育家庭阅读氛围。

活动目标

1. 幼儿发展目标：

(1) 体验亲子阅读的快乐和温暖，激发阅读兴趣。

(2) 学习爱护图书的正确做法，培养良好的阅读习惯。

(3) 创设交流分享氛围，鼓励交换图书。

2. 家长发展目标：

(1) 学习正确的亲子阅读方式，形成充满爱意的亲子阅读氛围。

(2) 关注幼儿在阅读中的语言表达，并及时互动。

(3) 鼓励幼儿与同伴交流分享图书，但不能强制其分享。

活动准备

1. 经验准备：

幼儿有阅读图书的经验；活动前教师了解幼儿阅读现状。

2. 材料准备：

(1) 教师制订和发放《家长活动须知》。

(2) 请一位家长当"故事妈妈(爸爸)"，并准备好绘本故事；每个幼儿和家长自主选择一本有价值的图书并带到班级。

(3) 阅读视频、包装纸、名字贴、水彩笔、包装袋。

3. 场地准备：

教师创设阅读区角氛围；家长和幼儿分成两小组对面而坐。

活动过程

1. 说一说：故事分享，激发幼儿对阅读的兴趣。

(1) 教师出示绘本，请幼儿看封面并猜一猜，问：瞧？这是什么？里面藏了一个好听的故事，我们一起来听一听！

(2) 请"故事妈妈(爸爸)"讲述故事，教师引导幼儿注意倾听并思考，养成良好的倾听习惯。

教师总结：每本书里除了有好看的图画，还藏着不一样的故事。

(3) 观看视频，学习阅读的正确方法。

教师总结：看书的时候要选择光线明亮的环境，且应坐姿端正，眼睛离书本不少于30厘米。

(4) 家长和幼儿共读自己带来的好书，感受亲子阅读的快乐。

(鼓励家长用生动的语言和饱满的情绪向幼儿们讲述故事，提高幼儿参与阅读的兴趣，帮助他们养成良好的阅读习惯。)

2. 做一做："我会爱护小图书"，学习爱护图书的正确做法。

(1) 教师出示一本书，讲述书本的材质特点。

教师用清晰的语言向幼儿介绍书本是由纸张一页页装订而成，纸张既薄又很软，如果用力过度还会损坏纸张。

(2) 教师提问：怎样爱护好我们的图书？

教师调动孩子的已有经验，梳理爱护图书的相关知识，并用儿歌帮助幼儿熟记爱护图书的方法："小图书，轻轻翻，认真看，不撕折，不乱扔，爱护它，人人夸。"

(让幼儿了解图书容易损坏的特点，学习保护图书的正确方法以及养成良好的阅读图书的习惯。)

3. 漂一漂："我的图书去旅行"，鼓励幼儿分享。

(1) 包装图书，装饰包装袋，并贴好名字和标签。

请家长和幼儿一起动手，将自己带来的好书进行装饰和包装，并贴上名字，在包装袋内用小纸条写上好书推荐理由。

(让家长在和孩子动手操作的过程中，感受亲子互动的欢乐及和谐温暖的氛围。教师要关注幼儿的参与度、家长与孩子之间的亲密度，适时用语言进行指导，强化爱书意识。)

(2) 介绍图书漂流规则。

幼儿找到一个朋友，相互介绍各自带来的书。如果愿意交换，约定好交换周期，并填好图书交换卡；阅读图书后须家长和幼儿共同填写好阅读分享卡。

(教师要帮助家长和幼儿了解图书漂流的规则让幼儿感知与同伴分享图书、共同阅读的快乐。通过交流活动，帮助家长积累培养幼儿阅读兴趣的方法和经验。)

活动延伸

1. 在图书漂流过程中，开展制作亲子阅读分享卡的活动。

2. 建立班级图书漂流制度：教师对幼儿带来的图书进行登记；每周五幼儿和家长选择一本图书，填写好图书交换卡后带回家阅读；阅读后，要填写好阅读分享卡，并于周一将图书还回漂流角。

附 1

图书交换卡

书名：		主人姓名：	
你是第几位阅读者	借阅日期	阅读人	归还日期
1			
2			
3			

附 2

阅读分享卡

书名：	阅读者：（签名或自画像）
阅读后我想说：	
爸爸妈妈的话：	

我的好妈妈

价值分析

3—4 岁的幼儿刚进入幼儿园，对父母尤其是母亲格外依恋。《指南》在论及 3—4 岁幼儿的典型表现时，对幼儿提出“能感受到家庭生活的温暖，爱父母”，“愿意与熟悉的长辈一起活动”，“愿意表达自己的需要和想法”，“经常涂涂画画、粘粘贴贴并乐在其中”，“能用简单的线条和色彩大体画出自己想画的人或事物”等合理期望，并相应地对成人提出“主动亲近和关心幼儿，经常和他（她）一起游戏或活动，让幼儿感受到与成人交往的快乐，建立亲密的亲子关系”，“提醒幼儿关心身边的人，如妈妈累了，知道让她安静休息一会儿”，“根据幼儿的生活经验，与幼儿共同确定艺术表达、表现的主体，引导幼儿围绕主题展开想象，进行艺术表现”等教育建议。“我的好妈妈”这一班级亲子活动，即是根据上述《指南》精神所设计的，旨在让幼儿在体验式的亲子活动过程中，充分了解妈妈对家庭的付出、对自己的关爱，让幼儿和妈妈互相表达对彼此的爱，增进母子（女）感情，培养幼儿尊敬长辈、孝敬父母的传统美德。

活动目标

1. 幼儿发展目标：

（1）感受妈妈的爱，知道妈妈很爱自己，自己也很爱妈妈。

（2）乐意用语言、动作及简单的艺术形式表达对妈妈的爱。

（3）知道 3 月 8 日是妇女节，能用简短的语句表达对妈妈的祝福。

2. 家长发展目标：

（1）积极主动参加亲子活动，充分利用节日契机对幼儿进行感恩教育。

(2) 用多种方式肯定和鼓励幼儿为表达情感而作出的努力。

(3) 积极表达对孩子的爱，营造充满爱意的亲子氛围，增进母子(女)感情。

活动准备

1. 经验准备：

幼儿知道3月8日是妈妈的节日；初步感知妈妈对自己的付出。

2. 材料准备：

(1) 教师制订和发放《家长活动须知》。

(2) 糖果若干、彩纸、胶水、玩具电话等；音乐《世上只有妈妈好》《我的好妈妈》《不再麻烦好妈妈》。

(3) 幼儿每人一张自己妈妈的照片。

3. 场地准备：

教师事先将班级内场地空出来，保证家长与幼儿有充足的空间活动。

活动过程

1. 玩一玩："爱的抱抱"，体验亲子游戏的快乐，增进母子感情。

(1) 教师摹仿发出猫叫声，激发幼儿参与游戏的兴趣。

教师：小猫在家是怎么玩游戏的？妈妈回来了又做了什么呢？

(2) 教师示范手指游戏"妈妈回来了"，介绍游戏玩法。

游戏玩法：小猫正在家玩游戏，突然"笃笃笃"，有人来敲门。是谁来了(双手五指相对并拢做关门状)？开一门(松开两根小拇指)，开两门(松开两根无名指)，开三门(松开两根中指)，开四门(松开两根食指)。看一看，原来是妈妈回来了，赶快把门开(松开大拇指，拥抱对面的妈妈)！

(3) 家长和幼儿合作游戏，体验亲子游戏的欢乐。

(家长通过面对面的示范，有意识地训练幼儿手口一致地边念儿歌边表演，感受亲子游戏的欢乐。幼儿配合家长进行游戏，了解游戏玩法、遵守游戏规则。)

2. 说一说："爱的甜甜话"，表达爱妈妈的情感，提高语言表达能力。

(1) 教师介绍节日，帮助幼儿了解3月8日是妇女节。

教师：3月8日是谁的节日？

(家长帮助幼儿了解3月8日是女性的节日，引导幼儿用简洁的语言表达对三八妇女节的认知。)

(2) 母子相对站立，幼儿有序地观察，并用简短的语句描述妈妈的外貌。

教师：你的妈妈长得什么样？是高还是矮，是胖还是瘦，头发是什么样子的？请你来说说你的妈妈吧！

（家长引导幼儿有序观察，用简短的词句描述妈妈的外貌，并予以及时的鼓励。）

(3) 师幼交谈，激发幼儿爱妈妈的美好情感。

教师：妈妈这么爱你？你要怎样关心妈妈？

教师总结：妈妈既要工作又要操持家务，非常辛苦，我们要学会关心妈妈，帮助妈妈做一些力所能及的事情，如：帮妈妈拿拖鞋，请妈妈喝水，等等。

（教师鼓励幼儿用自己的方式表达对妈妈的关心。家长愉快地接受幼儿表示关爱、体贴的语言和举动，并及时予以鼓励。）

(4) 玩亲子游戏“打电话”，表达对妈妈的爱。

游戏玩法：幼儿拿游戏电话，对妈妈说“妈妈，我爱你”“妈妈，谢谢你”等，表达对妈妈的爱和感激之情。

（教师指导家长在“打电话”的游戏中，鼓励幼儿与自己对话，同时注意自己的语言规范，尽量用正确的语言进行示范；关注幼儿在活动中的表现，提示幼儿口齿清楚地表述，对互动好的家庭进行及时的肯定与鼓励。）

3. 做一做：以实际行动表达对妈妈的情感，萌发感恩之心。

(1) 幼儿为妈妈捶背、捶腿，感谢她们每天的辛劳。

(2) 幼儿亲手制作贺卡送给妈妈。

(3) 幼儿与家人分享美食，让亲情更加甜蜜。

（家长用肢体动作或语言鼓励幼儿，对幼儿的感恩行为给予热情的回应。教师鼓励幼儿做力所能及的事，为妈妈服务。）

活动延伸

1. 家长在家要多鼓励幼儿做力所能及的事情，给予幼儿关心、体贴、照顾家人的机会。

2. 家长要多对幼儿进行礼貌教育，引导幼儿对家人（他人）的关心和帮助及时表达谢意。

（二）小班年级形式的亲子活动

好玩的民间游戏

价值分析

民间游戏来源于民间，是幼儿的父辈、祖辈都玩过，有一定的游戏经验和兴趣的活动。其中器械、规则简单的民间游戏，适合在小班开展。《指南》教育建议中指出，园所应“开展丰富多样、适合幼儿年龄特点的各种身体活动，如走、跑、跳、爬等，鼓励幼儿坚持下来，不怕累”，幼儿应“能双手抓杠悬空吊起 10 秒左右”。本活动让幼儿在欢乐的游戏氛围中感受民间游戏的多样性，锻炼幼儿的臂力、耐力，培养幼儿坚持、不放弃的品质。同时让家长在亲子互动中，感受优秀民俗文化的教育作用，愿意积极参与家园共育的活动。

活动目标

1. 幼儿发展目标：

(1) 乐意和父母一起玩游戏，体验亲子游戏的乐趣。

(2) 练习双手抓杠悬空吊起，并努力坚持 10 秒。

(3) 了解一些常见民间游戏的器械和玩法。

2. 家长发展目标：

(1) 感受民间游戏对幼儿教育的价值和意义，愿意配合幼儿园开展各种民间游戏活动。

(2) 知道游戏也是幼儿学习的方式，经常陪孩子玩游戏，促进亲子、家园情感交流。

(3) 重温自己玩过的民间游戏，体验亲子同乐。

活动准备

1. 经验准备：

(1) 各班开展“爸爸妈妈的快乐童年”主题活动日。

(2) 请大班幼儿根据班级特色排练 6 个带有表演性质的民间游戏(如竹竿舞、橡皮筋舞、跳长绳、踢花毽、板凳操、圈操等)。

2. 材料准备：

(1) 教师制订和发放《家长活动须知》。

(2) 家长收集儿时玩过的民间游戏器械和照片。

(3) 竹竿若干、小红花幼儿每人一朵、沙包制作材料若干。

3. 场地准备：

教师利用收集的民间游戏器械和照片制作 PPT；准备好游戏场地。

活动过程

1. 集体观看大班幼儿民间游戏表演赛，感受民间游戏的趣味，激发幼儿参与的热情。

(1) 集体观看大班年级组表演排练好的民间游戏(如竹竿舞、橡皮筋舞、跳长绳、踢花毽、板凳操、圈操等)。

(2) 请幼儿及家长将小红花投给最喜欢的游戏。并请幼儿及家长代表给表演节目的大班幼儿颁奖。

(激发小班幼儿对民间游戏的向往之情,并且愿意试一试;给大班哥哥姐姐颁奖,表示赞赏和感谢。让家长感受到民间游戏在幼儿园开展的益处与必要性,愿意配合相关工作。)

2. 以班级为单位玩游戏,体验玩民间游戏的快乐。

游戏一:抬小猪

(1) 教师讲解游戏玩法:幼儿分两组分别在起点和终点站好;两名家长分别抓住竹竿两头,幼儿双手抓握竹竿;游戏开始后,家长将"小猪"(幼儿)从起点抬到终点,然后换下一名幼儿,从终点抬回起点。

(2) 请两名家长和一名幼儿试玩一次游戏。

(3) 幼儿分组和家长一起玩游戏 1—2 次(最多 2 次)。

游戏二:两人两足

教师讲解游戏玩法:每个家庭派一名家长和一名幼儿参加。每组参加人员分两队分别站在起点和终点;幼儿站在家长的脚上,一起从起点走到终点后,与对面的幼儿拍手交接,下一个家庭从终点走回起点,幼儿拍手交接;依次类推,每组队员全部走完,游戏结束。

(教师鼓励幼儿积极参与游戏并坚持完成;引导家长遵守游戏规则,在活动中关注幼儿身体状态,鼓励幼儿坚持完成悬空吊抓的时长;充分体验民间游戏和亲子互动带来的快乐,而不是关注速度。)

3. 制作小沙包,重温亲子时光。

(1) 家长和幼儿分班回教室,观看 PPT,了解更多民间游戏种类及玩法。

(2) 家长和幼儿一起制作小沙包。

(进一步感知民间游戏的多样性,拉近民间游戏与幼儿生活的距离。)

活动延伸

1. 家长带幼儿外出旅游时可以用照片记录下当地的民俗及游戏,使幼儿了解各地的不同风俗,体验生活的美妙。

2. 幼儿可在家里和爸爸、妈妈、爷爷、奶奶玩跳绳、抓尾巴、跳格子等游戏,锻炼身体,增进亲情,远离电子产品。

幸福 1 公里　照顾小树苗

价值分析

小班幼儿喜欢接触大自然，对植物充满了好奇，而春天正是认识植物、踏青游玩的好时节。《指南》提出，“要经常带幼儿接触大自然，认识常见的动植物，初步了解动植物对人类的贡献，让孩子们逐渐懂得热爱、尊重大自然”，“生活中要保证幼儿户外活动的时间，让幼儿坚持多走路、少坐车，3—4 岁的孩子可徒步行走 1 公里左右，以培养力量与耐力”。本活动建议在植树节期间开展，让幼儿在亲子同游的过程中，感受季节特征，观察、认识各种植物，照顾小树苗，同时锻炼身体，享受亲情。

活动目标

1. 幼儿发展目标：

(1) 体验集体游园的乐趣，锻炼身体，磨炼意志，享受父母陪伴的幸福。

(2) 能在活动中遵守规则，积极与父母共同劳动，体会劳动带来的快乐。

(3) 初步了解植树节，认识常见树木，感受春天的季节特征。

2. 家长发展目标：

(1) 鼓励幼儿完成体验任务，感受亲子共同劳动的乐趣，形成积极向上的亲子氛围。

(2) 提升环保意识，做幼儿的好榜样。

(3) 在活动中关注幼儿的情感，引导孩子热爱大自然。

活动准备

1. 经验准备：

(1) 幼儿已知道 3 月 12 日是植树节，大致了解外出游玩的安全常识。

(2) 家长提前了解活动目标及活动内容。

2. 材料准备：

(1) 教师制定和发放《家长活动须知》，并于活动前向家长作活动说明。

(2) 小铲子、小水壶、垃圾袋以及面包、水果、牛奶、小瓶水等少量适宜携带的食品。

3. 场地准备：

教师选择并联系徒步行走 1 公里左右能到达的，有集体活动区域的且绿化好的公园，得到公园的支持与许可。活动前进行场地布置、区域划分。

活动过程

1. 做好出发前准备，明确活动注意事项。

(1) 幼儿园门口集合，分组出发，每组家庭在规定的时间内到达公园集合点，并在指定地点分班组合成方阵。

(2) 教师清点人数，交代注意事项，提醒家长全程注意幼儿安全，遵守活动规则。

(班主任分班级清点人数，简单交代活动规则及安全事项；考虑到小班幼儿年龄特征，尽量减少等待时间。)

2. 体验徒步行走带来的乐趣，磨炼意志。

(1) 以班级为单位组成方阵集体行进，欣赏沿途风光。家长记录与幼儿的谈话及其提出的问题，鼓励幼儿坚持走到目的地。

(悠闲地缓慢行走，教师引导家长和幼儿在徒步中注重互动，感受幸福。)

(2) 完成1公里徒步行走的家庭，在终点站领取《幸福证书》。

(教师指导家长通过语言激励和行动示范来鼓励幼儿坚持徒步行走。在行走中随时关注幼儿身体状况，个别不能坚持的幼儿，途中可让其适当休息，鼓励幼儿坚持走完全程。)

3. 照顾小树苗，了解具体做法，感受亲子劳动的乐趣。

(1) 以家庭为单位领取工具，家长向幼儿介绍工具名称及使用方法。

(2) 以家庭为单位，为树木浇水、松土，清理杂草枯叶等。

(3) 与自己打理的小树合影。

(教师介绍部分常见树木名称及树木对大自然、对人类的贡献；提醒家长关注幼儿提出的问题，鼓励家长与幼儿共同劳动，能坚持完成给小树除草、浇水、捡拾枯叶的工作。时间控制在20分钟以内。)

4. 亲子游园：了解春天的特点，体验春日的美好。

(1) 幼儿在家长的陪伴下寻找春天，观察花草树木的变化，感受春日的勃勃生机。

(2) 合影留念。

(自由活动，游园半小时，家长可引导孩子仔细观察，一起寻找春天的特征——树叶发芽、花朵初开等，并与“找到的春天”合影。)

5. 共同整理活动场地，收拾物品返回。

活动延伸

1. 将本次活动延伸至家庭中，让家长和幼儿共同种植小盆栽。

2. 鼓励家长多用徒步、游戏等方式到户外与幼儿共度亲子时光。

3. 引导家长周末可带幼儿到家附近公园给小树浇水、除草等。

三、结合幼儿身心发展特点开展的小班亲子活动

(一) 小班班级形式的亲子活动

我会,我能行

价值分析

3—4 岁的幼儿有自我服务的愿望,动作发展方面应能够完成剥橘子、用汤匙喂食物等动作。但是,当前以祖辈为主的带养环境或多或少地抑制了幼儿这方面的发展。《指南》在论及 3—4 岁幼儿的典型表现时,对幼儿提出“能熟练地用勺子吃饭”,“自己能做的事情愿意自己做”,“喜欢承担一些小任务”等合理期望,并相应地对成人提出“引导幼儿生活自理或参与家务劳动、发展其手的动作”,“尽量放手让他自己做”,“鼓励幼儿尝试有一定难度的任务”等教育建议。“我会,我能行”这一班级亲子活动,即是根据上述《指南》精神所设计的,通过“喂妈妈”、“喂娃娃”的游戏,发展幼儿的手部动作能力,让幼儿获得自我服务、关爱他人的快乐,建立自己动手的信心,同时增进家庭成员间的感情交流,增强家庭育儿的科学性。

活动目标

1. 幼儿发展目标:

(1) 有兴趣动手喂家长食物,体验亲子互动的快乐。

(2) 练习剥开橘子皮、用小勺舀起豆粒、准确喂进口里等动作,感受成功的快乐。

(3) 提高生活自理能力,感受集体活动的乐趣。

2. 家长发展目标:

(1) 激发幼儿自己动手的兴趣和关爱他人的情感。

(2) 了解幼儿操作现状,引导幼儿完成手的动作练习。

(3) 体验亲子游戏的乐趣,理解游戏是幼儿学习的重要方式。

活动准备

1. 经验准备:

幼儿已会用小勺舀食物。

2. 材料准备：

（1）教师制订和发放《家长活动须知》。

（2）多于幼儿人数的橘子；每个幼儿一个瓶子娃娃、一个小勺、一盘豆子；背景音乐《爱上幼儿园》。

3. 场地准备：

教师清理本班活动室，保证足够容纳家长和幼儿的空间。

活动过程

1. 我会剥：尝试独立剥完橘子，喂妈妈（爸爸）吃。

（1）猜物，激发兴趣导入。教师将橘子装在布袋里，辅以语言提示让幼儿猜，之后再拿出来。

教师：这是什么？味道怎么样？要怎样吃呢？（引导幼儿回答“要剥皮吃”）

（2）学剥橘子。

教师：我们怎么把它剥开呢？先从有“肚脐眼”的这一面开始剥，还是从有“按钮”的这一面开始剥呢？

教师讲解并示范剥橘子的方法：“找到小‘肚脐’，抠开小口子，剥开橘子皮。”请个别幼儿尝试剥橘子皮。

（3）喂妈妈吃橘子（播放背景音乐）。

幼儿剥橘子，家长指导，并鼓励孩子喂给自己吃，教师巡回观察。

（4）小结活动情况，复习剥橘子的方法。

（教师指导家长以鼓励的语言引导孩子独立完成剥橘子的动作，不包办代替，让孩子在剥橘子、喂橘子的过程中，体验成就感，萌发关爱他人的意识。教师观察孩子在集体活动中的表现和家长的指导行为，适时提醒，帮助家长形成与孩子积极的互动模式。）

2. 我会喂：给瓶子娃娃喂豆豆。

（1）教师出示瓶子娃娃，并以瓶子娃娃肚子饿的情境导入。

教师：瓶子娃娃肚子饿了，猜猜它喜欢吃什么呢？

教师：我们来喂它吃最喜欢的豆豆吧。

（2）教师出示小勺和一盘豆豆，讲解并示范喂瓶子娃娃的方法。

教师：要怎样喂呢？谁来试试？（请幼儿上前操作）

幼儿操作后，教师简单评价，讲解并示范如何用小勺一勺、一勺地把豆豆喂进瓶子娃娃的嘴巴里。

(3) 教师介绍玩法和规则，要求幼儿遵守。

玩法：每个幼儿用小勺将自己盘子里的豆豆一勺、一勺地喂进瓶子娃娃的嘴巴里，喂完即完成任务。

规则：不要将豆豆放进自己的嘴巴里；只能用自己盘子里的豆豆喂自己的瓶子娃娃；家长只能从旁指导，不能代替。

(4) 幼儿游戏，教师巡回观察。（播放背景音乐）

(5) 教师小结游戏情况，肯定每个幼儿的参与。

(6) 收拾材料，结束游戏。

（教师提示家长多用语言来引导幼儿的行为，鼓励幼儿独立完成游戏；家长可以适当地辅助幼儿抓稳小勺，防止豆豆撒落。教师观察幼儿的参与度和家长的协助程度，及时肯定互动好的家庭，指导有困难的家长。）

活动延伸

请家长在家中为幼儿提供动手操作的机会，鼓励其自己的事情自己做。

我的小手真能干

价值分析

幼儿入托，就开始了集体生活，良好的生活自理能力能帮助幼儿快速适应新环境，培养责任感、自信心以及独立处理问题的能力。《指南》指出，“幼儿身心发育尚未成熟，需要成人的精心呵护和照顾，但不宜过度保护和包办代替，以免剥夺幼儿自主学习的机会，(让他们)养成过于依赖成人的不良习惯，影响其主动性、独立性的发展”；成人应“指导幼儿学习和掌握生活自理的基本方法，如穿脱衣服和鞋袜”；“幼儿的衣服、鞋子要简单实用，便于自己穿脱”。本活动让幼儿巩固穿脱衣裤的正确方法并学习折叠衣裤，同时引导家长学会放手，让幼儿大胆尝试力所能及的事情，提高自理能力，增强自我服务意识。

活动目标

1. 幼儿发展目标：

(1) 感受自己的小手真的很能干，体验自我服务带来的成就感。

(2) 愿意自己穿脱衣服和裤子，提高自理能力。

(3) 练习穿脱衣服和裤子的正确方法，并尝试简单折叠衣裤。

2. 家长发展目标：

(1) 了解幼儿的发展水平和潜力，培养让幼儿自己动手的意识。

(2) 知道幼儿的衣服、鞋袜要简单实用，便于让他们自己穿脱。

(3) 学会用鼓励和等待的方法支持幼儿的学习，培养教育的耐心。

活动准备

1. 经验准备：

幼儿会穿衣服、裤子，并会念读相关儿歌。

2. 材料准备：

(1) 教师制订和发放《家长活动须知》。

(2) 教师将本班幼儿穿衣服、裤子的图片制作成 PPT；儿歌《折衣服》《折裤子》。

(3) 幼儿每人一件套头衫、一条裤子；干净的衣服、裤子 2—3 套。

3. 场地准备：

教师整理各班教室并清空场地，保证家长与幼儿有足够的活动空间。

活动过程

1. 玩手指游戏“大拇哥”，知道小手能做很多事情，体验小手真能干。

(1) 念儿歌玩手指游戏：大拇哥、二拇弟、中三娘、四小弟、小妞妞，来看戏，手心，手背，心肝宝贝。

教师：刚才的游戏，我们是用什么玩的？你的小手还能干什么？

教师总结：是的，我们的小手真能干，能做很多事情。

（引发幼儿对活动的兴趣，调动已有经验，知道自己的小手能做很多事情，激发自己的事情自己做的欲望。）

2. 观看课件《小手真能干》，巩固穿脱衣裤的正确方法。

(1) 观看 PPT，教师提问：图片中的小朋友是谁？在干什么？

(2) 教师引导幼儿观察穿衣服和裤子的步骤，并用精炼的儿歌概括步骤。

(3) 幼儿练习穿脱衣裤。

(4) 亲子互动“夸夸能干的我”，家长用身体语言鼓励和表扬孩子。

（幼儿观看 PPT 中穿脱衣裤的图片，练习并巩固穿脱衣裤的正确方法。教师指导家长用儿歌提示或者通过行为示范来帮助、鼓励幼儿，用抱抱、竖大拇指或用语言具体描述幼儿的行为等方式来肯定幼儿。）

3. 学习新本领折衣裤，鼓励幼儿大胆尝试。

(1) 教师出示衣服、裤子(衣服、裤子凌乱地放在篓子里)。

教师：这些衣服和裤子，乱七八糟地躺在篓子里，我们来帮忙整理一下吧。我们可以怎么做呢？(鼓励幼儿说出“叠好”“整理好”“折好”等)

(2) 教师边念儿歌边示范折衣服的方法。

提问：你在家里帮助妈妈折过衣服吗？你是怎么折的？

教师一边示范折衣服，一边念儿歌：小衣服，铺平整，两手胸前抱一抱，弯弯腰，摸一摸，我们的衣服折好了。

(3) 幼儿在家长的帮助下练习折衣服。

(4) 教师边念儿歌边示范折裤子的方法。

教师一边示范折裤子，一边念儿歌：小裤子，铺平整，两腿并并拢，弯一弯，摸一摸，我们的裤子折好了。

(5) 幼儿在家长的帮助下练习折裤子。

(让家长知道小班幼儿的思维方式是直观行动思维，因此对他们来说，动作结合语言是最好的学习方式。让家长参与学念儿歌，用语言提示帮助幼儿学习；接纳幼儿当前的水平，鼓励幼儿参与和努力的态度。)

4. 分组练习折叠衣裤，体验学习的成就。

(1) 幼儿分组完成折叠衣裤的任务。

(2) 教师分组展示幼儿成果，并给予积极评价。

(引导家长为每组幼儿鼓掌，肯定幼儿的大胆参与和良好表现，并提醒幼儿安静倾听。引导家长在自家孩子展示之后，及时表扬和鼓励，并用具体的语言表述，如：我家宝宝今天学了新本领，能把衣服折得整整齐齐。)

活动延伸

1. 请家长配合园所，鼓励幼儿在家做力所能及的事情，能对家人的帮助及时表达感谢。

2. 家长用抱一抱、说一说、做一做、乐一乐的方式表达对孩子的鼓励、肯定，经常与幼儿进行情感互动。

(二) 小班年级形式的亲子活动

我上幼儿园啦

价值分析

3—4 岁的孩子初到幼儿园，都会不同程度地经历分离焦虑期。《指南》在论及 3—4 岁幼儿的典型表现时，对幼儿提出“自己能做的事情愿意自己做”，“在提醒下，能遵守游戏和公共场所的规则”，“对幼儿园的生活好奇，喜欢上幼儿园”，“愿意和小朋友一起游戏”，“具有初步的归属感”等合理期望，并相应地对成人提

出应“(为幼儿)创造交往机会，让幼儿体会交往的乐趣”，“家园配合，共同做好幼儿集体生活的适应工作”，“在教育中，重视成人的榜样作用”，“亲切对待幼儿，关心幼儿，让他感到长辈是可亲、可近，家庭和幼儿园是温暖的”等教育建议。“我上幼儿园啦”这一亲子活动，即是根据上述《指南》精神所设计的，旨在亲子互动的过程中，帮助幼儿尽快消除焦虑情绪，建立对新生活环境、同伴和教师的认同感，学习表达自己的需求与情绪，感受与同伴、教师共同生活和游戏的快乐，初步养成集体生活所需要的良好习惯。

活动目标

1. 幼儿发展目标：

(1) 体验与家长、同伴共同生活、游戏的快乐，萌发对幼儿园的喜爱之情。

(2) 能用简短的语言表达自己的意愿和想法，逐步适应幼儿园生活。

(3) 认识幼儿园环境，熟悉老师和同伴。

2. 家长发展目标：

(1) 陪伴幼儿参与、体验幼儿园的生活，营造温馨的亲子氛围。

(2) 鼓励幼儿与同伴进行交往，引导幼儿逐步适应集体生活。

(3) 了解幼儿在园的环境及生活，激发幼儿对幼儿园的向往之情。

活动准备

1. 经验准备：

(1) 开学前教师对所有幼儿进行家访。

(2) 家长在入园前给幼儿讲讲幼儿园的故事，激发幼儿对幼儿园的向往之情。

2. 材料准备：

(1) 教师制订和发放《家长活动须知》。

(2) 幼儿园与班级准备好幼儿在园日常生活所需要的多种物品；给幼儿自制用于分享的小食品、野餐垫子；音乐《小汽车》《找朋友》。

3. 场地准备：

班级教室、幼儿园操场。

活动过程

1. 亲子游戏“小火车呜呜呜”：熟悉幼儿园室外公共环境，使幼儿萌发对幼儿园的喜爱之情。

教师：幼儿园的院子里有什么？我们一起去看看吧！

游戏玩法：教师手握方向盘扮演火车司机，家长和幼儿一起扮演乘客，司机喊口令“我们的火车出发了”，然后出发。火车每到达一站，司机就向乘客介绍幼儿园该区域的环境、玩具与玩法。

（家长向幼儿介绍幼儿园的室外公共环境，带领幼儿在室外玩耍。幼儿在家长带领下积极参与，感受并用简短的词汇表达在幼儿园玩耍的快乐心情。）

2. 亲子游戏“小汽车开起来”：熟悉班级环境，消除对于环境的陌生感。

教师：幼儿园班级里也很好玩，我们一起去看看吧！

游戏玩法：教师手握方向盘扮演汽车司机，家长和幼儿一起扮演乘客。司机喊口令“我们的汽车出发了”，然后出发。汽车每到达一站，司机就向乘客介绍班级该区域的情况，包括教室、盥洗室、卫生间和卧室。

（家长带幼儿熟悉幼儿班级各区域的功能作用，帮助幼儿尽快消除陌生感，为幼儿顺利适应幼儿园集体生活作好准备。幼儿在家长带领下积极参与，并用简短的词汇表达自己的需要和想法。）

3. 亲子游戏“给物品宝宝找家”：熟悉生活物品的位置。

（1）观察生活物品，了解生活物品的用处。

教师：它是什么？它有什么作用？它的家在哪里？

教师引导幼儿认识毛巾、杯子、床等基础生活用品。

（2）玩游戏“给物品宝宝找家”，熟悉物品的摆放位置。

游戏玩法：听到“开始”的指令后，家长带领幼儿认识自己的生活物品，到对应的杯架、毛巾架上，找到属于自己的生活用品，逐一检查杯子、毛巾上面的学号；家长引导幼儿学会找到自己的物品、认清自己的物品，并能将物品宝宝送回自己的家。

（家长引导幼儿认知、找寻自己物品，并给予表扬和口头鼓励，激发幼儿的主动性，避免包办代替。）

4. 亲子游戏“找朋友”：初步认识幼儿园里的新朋友。

（1）认识班级老师和小朋友。

教师：今天我们有许多的新朋友，我们一起来和新朋友打招呼，认识我们的新朋友吧。

游戏玩法：当音乐响起时，家长带幼儿在活动室内自由行走，跟随音乐做出相应的动作，并与朋友打招呼，播放到歌曲最后一句“握握手，来跳舞”时，幼儿与离自己最近的一位朋友握手，一起跳舞；教师、幼儿和家长共同游戏3—4次。

（在游戏的过程中，家长做好表率，主动与他人打招呼。幼儿在家长的带领下参与游戏，向同伴、家长问好。）

(2) 认识幼儿园其他的朋友。

教师：幼儿园里还有许多朋友，我们一起去认识他们吧！

教师带领幼儿认识门卫叔叔、食堂师傅和医生阿姨，初步感知他们的工作职责；带领幼儿认识中大班哥哥姐姐和老师，产生上幼儿园真好玩的情感体验。

（家长亲身示范有礼貌地问好，鼓励幼儿做大方、有礼貌的好孩子；关注幼儿在亲子活动过程中的状态，用喜悦的神态和语气让幼儿感受到上幼儿园的乐趣。）

5. 亲子野餐“一起吃真开心”：体验分享的乐趣，对幼儿园集体生活产生向往。

教师：幼儿园里有这么多好朋友，我们把美味的食物拿出来和好朋友一起分享吧！

每个家庭将准备的食物摆放在垫子上，幼儿相互交换、分享美食，体验共同分享的乐趣。

（家长用热情的态度和幼儿一起参与美食野餐会，有意识地培养幼儿的分享意识和主动交往的意识；关注幼儿的参与度、幼儿之间的亲密度，用语言进行指导，如对幼儿说：“宝宝你真大方。”）

活动延伸

1. 家长带幼儿到幼儿园室外进行游玩，鼓励幼儿和朋友一起玩大型玩具，鼓励幼儿大胆与其他小朋友交往、合作。

2. 家长坚持每天送幼儿入园，向幼儿介绍幼儿园好玩、有趣的事情，以积极、愉快的情绪影响幼儿，帮助幼儿尽快度过分离焦虑期。

第三章

幼儿园中班亲子活动案例

一、结合幼儿发展目标开展的中班亲子活动

（一）中班班级形式的亲子活动

大　马　路

价值分析

4—5岁幼儿观察能力不断增强，对于马路边的各种事物表现出浓厚兴趣。《指南》在论及4—5岁幼儿的典型表现时，对幼儿提出“能认识常见安全标志，能遵守安全规则”，“能通过简单的调查收集信息”，“能用图画或其他符号进行记录”等合理期望，并相应地对成人提出“结合生活实际对幼儿进行安全教育”，“在公共场所注意照看好幼儿，不把幼儿单独留在车里”，“支持、引导幼儿学习用适宜的方法探究和解决问题”，“引导幼儿根据常见的物质、材料的特性和物体结构特点，推测和证实他们的用途”等教育建议。“大马路”这一班级亲子活动，即是根据上述《指南》精神所设计的，旨在让幼儿通过活动认识常见交通工具、特种车辆、交通安全标志等，增强交通安全意识，了解并能基本遵守公共交通规则，提高自我保护的能力和适应周围环境的能力。

活动目标

1. 幼儿发展目标：

（1）有初步的交通安全意识，自觉遵守交通规则，逐步提高自我保护能力和适应周围环境的能力。

（2）综合运用多种材料表现马路上的交通工具、交通标志和建筑物，提高艺术表现力。

(3) 认识马路上常见的交通标志、交通工具，初步了解交通设施与人们的关系，能用简单的符号记录自己的发现。

2. 家长发展目标：

(1) 积极参加“大马路”这一班级亲子活动，结合生活实际对幼儿进行安全教育。

(2) 做正面榜样示范，在日常生活中用多种方式引导幼儿了解、遵守公共交通规则。

(3) 引导幼儿有重点地观察马路上的车辆、交通标志及交通设施，鼓励幼儿用自己的方式记录、表达自己的见闻和发现。

活动准备

1. 经验准备：

幼儿了解简单的交通规则及交通标志和设施，熟悉《乡下老鼠进城来》的故事。

2. 材料准备：

(1) 教师制订和发放《家长活动须知》。

(2) 有关交通规则的视频(上、下)，红绿灯图片，各种交通标志，小老鼠手偶，调查表。

3. 场地准备：

(1) 教师事先选好一条便于观察的马路。

(2) 将班级内场地空出来，保证家长与幼儿有充足的空间活动。

活动过程

1. 亲子调查“热闹的大马路”：共同观察记录马路上的建筑物、交通工具和交通标志。

教师：马路上有什么呢？它们有什么用途？请把你的发现记录在表格里。

(家长引导幼儿有重点地观察，支持幼儿说出自己的想法，鼓励幼儿用自己的方式记录，需要的时候予以适当帮助。幼儿仔细观察，用简单的图画和符号记录，与家长主动交流自己的发现。)

2. 亲子手工“热闹的大马路”：合作表现马路的场景，提高幼儿的艺术造型及动手操作能力。

(1) 了解材料，分组讨论制作内容。

教师：这里有什么材料？你们想参加哪一组的制作呢？你们打算做什么？

(2) 分组合作，体验亲子互动，共同制作手工的乐趣。

每个家庭自主选择建筑物组、交通工具组、交通标志组进行创作。

(3) 相互分享，介绍、欣赏各自的作品。

（家长尊重幼儿，支持幼儿的艺术表现，在适当的时候给予帮助。幼儿自主完成，或适当分配小任务给家长，和家长一起合作完成作品。）

3. 亲子表演游戏“乡下老鼠进城来”：巩固幼儿对交通标志的认识，提高交通安全意识。

教师：我接到了乡下老鼠贝利的电话，它说碰到了一个难题，想请大家帮忙。我们一起来听听贝利到底遇到了什么麻烦。

游戏玩法：教师利用自制的建筑物、交通标志布置成马路的场景；每个幼儿手持自制的交通工具扮演小司机；家长扮演乡下老鼠双手搭在“小司机”的肩上；一组家长扮演交通警察，指挥交通；另一组家长扮演马路上的交通信号灯，控制红绿灯的交替。“小司机”开车带着“乡下老鼠”到城市的马路上逛一逛，“小司机”要向“乡下老鼠”介绍马路上遇到的交通工具、交通标志和马路边的建筑物。

（家长配合教师一起把教室布置成大马路的场景，注意交通标志的正确摆放以及建筑物的合理分布。幼儿带着“乡下老鼠”在城市的马路上参观，并主动向“乡下老鼠”介绍马路上遇到的交通工具、交通标志和马路边的建筑物；若幼儿没有主动介绍，家长可主动提问，如：这是什么车？这是哪里呀？这个交通标志是什么意思？）

4. 亲子抢答赛“马路上的交通规则”：巩固相关交通安全知识，提高规则意识。

抢答题：行人怎么过马路？在没有人行道的马路上，应该怎么走？行人在路上应注意什么？乘车时有哪些注意事项？十字路口各种颜色的灯和数字代表什么？交通事故的报警电话是多少？急救报警电话是多少？

组织形式：以家庭为小组参赛，每回答对一题奖励一枚贴纸。比赛结束时清算各组的奖励贴纸，贴纸最多的小组为获胜组。

（家长积极参与抢答，给予幼儿正面示范和及时的肯定和鼓励。幼儿主动、大胆地争取答题机会，能完整地表述自己的见解。）

活动延伸

1. 家长带幼儿外出乘车时，应遵守相关安全乘车准则，并结合日常生活，不断强化直至幼儿掌握。

2. 请家长以身作则，遵守交通规则，为幼儿树立良好的榜样。

附 1

调查表：马路上

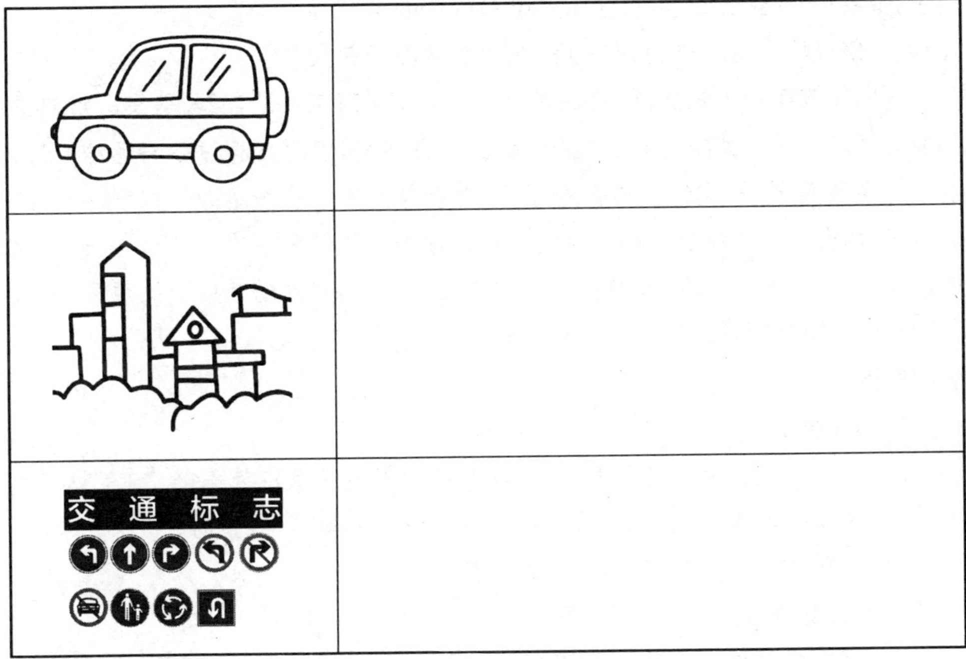

附 2

乡下老鼠进城来

前几天，乡下老鼠贝利买了一辆新车。昨天，他开着自己的新车进城了。但是一进城，贝利就遇到了麻烦事。原来，城市里的马路上有很多车，有许多红灯、绿灯，还有很多他不认识的标志。这些标志他以前从来没有看到过，也不知道是什么意思。贝利只好硬着头皮往前开，还没开多远，就被交警叔叔拦住了。交警叔叔指着路边的一块标志说："请你按交通标志行驶，这里是禁止转弯的。"贝利实在是搞不清楚那些交通标志，吓得都不敢再开车了，只好打电话找我们帮忙。

美丽的家乡

价值分析

《指南》中明确指出"4—5 岁幼儿要能说出自己家所在地的省、市、县名称，知道当地的有代表性的物产或景观"。

湘乡，在湖南省中部偏北，是一个历史悠久、人杰地灵、风景秀美的地方。这里有秀丽的水府庙，有雄伟的褒忠山，有国家级森林公园东台山，别具一格的茅浒水乡，还有被誉为湘乡城区“绿肺”的曾国藩诗文岛，等等。湘乡的美食也很有特色，蛋卷、咸鸭蛋上过中央电视台出品的美食类纪录片《舌尖上的中国》。此外，火焙鱼、烘糕、灯芯糕、雪花丸子等，都让人垂涎三尺。

我们住在美丽的湘乡，却有很多小朋友并不了解家乡的美景、美食。针对这种情况，我们开展“美丽的家乡”这一亲子活动，旨在让幼儿通过参与活动，了解家乡的美景美食，关注自己周围的环境，为家乡的美景感到骄傲，培养幼儿热爱大自然、热爱家乡的情感。同时通过活动让家长看幼儿动手操作，听幼儿开口讲述，让家长了解幼儿在玩中学、做中学的过程，了解游戏对幼儿成长的重要性，教会家长如何更好地陪伴幼儿学习与成长。

活动目标

1. 幼儿发展目标：

(1) 知道自己的家乡是湘乡，了解家乡的风景名胜及特色美食。

(2) 积极参与游戏，尝试用完整的语言对家乡的景点进行描述。

(3) 热爱家乡，为自己是湘乡人而自豪。

2. 家长发展目标：

(1) 了解中班幼儿语言发展的特点，倾听幼儿的声音，并引导幼儿完整地表达。

(2) 理解幼儿的学习特点与学习方式，知道游戏是幼儿学习的最佳方式。

(3) 在活动过程中，能尊重幼儿的想法，给幼儿足够的自由发挥的空间。

(4) 愿意陪伴幼儿学习，能为幼儿的快乐学习营造良好的环境。

活动准备

1. 经验准备：

(1) 幼儿和家长利用节假日去本地的一些景区参观，通过参观了解家乡的风景名胜和特色饮食。

(2) 幼儿会唱《美丽的湘乡》。

2. 材料准备：

(1) 教师制订和发放《家长活动须知》。

(2) 音乐《家乡美》；视频《美丽的湘乡》，内容包括东台山、塔子山、褒忠山、水府庙水库、曾国藩诗文岛、茅浒水乡等的风景。

(3) 大幅的广告画式样的景区图片，分别是东台山、塔子山、褒忠山、水府庙

水库、曾国藩诗文岛、茅浒水乡。

(4) 几大景区内景点的小图片，七寸大小。例如东台山上的凤凰寺、烈士纪念碑，曾国藩诗文岛上的曾国藩广场、黄公略铜像、伟人渡，水府庙的蛇岛、白鹭岛等。

(5) 每个家庭带一种或几种有湘乡特色的食品，如蒸蛋卷、咸鸭蛋、做好的火焙鱼等，量要足够大家分享。

3. 场地准备：

教师将大幅的广告画式样的景区图片分贴在活动室的墙壁上；桌椅按马蹄形摆放，幼儿和家长以家庭为单位，围坐在桌子旁；中间留出足够活动空间。

活动过程

1. 挖掘经验说见闻，归纳家乡美景。

(1) 教师导入：孩子们，你们知道我们居住的地方叫什么名字吗？（湘乡）对了，湘乡是我们的家乡，是我们出生和成长的地方。今天我们就来说一说我们生活的这座城市，了解她的美。

(2) 教师提问：你去过湘乡的哪些景区？那里有哪些地方令你难忘呢？让幼儿说说自己了解的湘乡风景名胜，家长加以补充。教师根据幼儿的回答情况，在黑板上贴出相对应的景点的图片。例如，幼儿说到东台山，教师就引导幼儿说出东台山上有凤凰寺、烈士纪念碑等，然后把凤凰寺、纪念碑等图片贴在黑板上。

(3) 教师和家长补充幼儿没有说到的景点，要把湘乡的风景名胜都罗列出来。

（教师要关注幼儿的已有经验，引导幼儿用完整的语句表达，并提醒幼儿注意倾听同伴的发言。同时，注意引导家长耐心倾听幼儿表达。教师在贴图片的时候，要有意识地把自然景观和人文景观区分开来，但不用刻意介绍分类。）

2. 运用经验玩游戏，巩固景点特征。

(1) 游戏一：你来说，我来猜。

游戏规则：以家庭为单位，五个家庭为一组，分组比赛。教师给每个家庭的家长出示一张景区图片，家长说该景区的特点，幼儿猜景区名称。例如，家长看到的是水府庙图片的，就可以说："这是一个很大很大的湖，里面有蛇岛、白鹭岛。"幼儿根据家长提供的信息猜景区名称。猜对了则继续猜下一个，在规定时间内，猜得多的组获胜。

（游戏过程中，教师要强调倾听的重要性，要求幼儿认真听完家长讲述，再仔

细思考。家长语速要适中，表达要清楚，不急不躁。如幼儿的语言表达能力强，可以换成幼儿说，父母猜，这种情况可特别加分。要特别注意的是，不管是对还是错，幼儿与家长都要保持良好的心态，游戏结束后要互相拥抱，家长要给予幼儿肯定。要让幼儿在游戏中充分感受和爸爸妈妈一同参与的快乐，在活动中学会思考、学会表达。）

(2) 游戏二：小景点找家。

游戏规则：幼儿和家长以家庭为单位观察墙上的景区图，然后幼儿按照学号的顺序从黑板上随意取下一张景点的图片，看看是哪一个景点，想一想它属于哪一个景区，将答案告诉家长，并在家长的协助下，将图片贴到对应的景区图上，要求尽量把位置贴准。例如，凤凰寺要贴在东台山的山腰上，红太阳广场要贴在曾国藩诗文岛的洲尾，等等。

（游戏过程中，教师要提醒幼儿遵守规则，按顺序做任务，不插队。完成自己的任务后，认真看别的小朋友做任务，不要大声喧哗，这也是对家长的要求。按位置贴图时，要鼓励并引导家长大胆放手，耐心地让幼儿自己思考，自己完成，可适时提醒。）

3. 品尝美食，了解饮食文化。

(1) 转换话题，从美景到美食。

教师：老师知道两个游戏过后大家都累了，现在，请大家坐下来休息一下，一起来品尝我们湘乡的美食吧。

(2) 每个家庭拿出自己带来的本地特色美食，摆放在桌子上，并请幼儿来说一说自己带的是什么食品，再由家长来补充这种美食的相关知识，比如制作的方法等。然后，大家一起品尝美食。

（这个环节教师要注重营造快乐的氛围，让大家在品尝的过程中，不知不觉地感受湘乡的饮食文化特色。）

4. 载歌载舞颂湘乡，激发幼儿热爱美丽家乡的情感。

(1) 教师：我们的家乡，又有美景，又有美食，叫我们怎能不爱她呢？现在，就让我们一起来看一段视频，让我们再一次欣赏家乡的美景。

(2) 教师播放视频，幼儿不由自主地跟唱，甚至自发地跳舞，家乡美爱家乡的情感油然而生。

（这一环节教师要用自己的语言和动作感染幼儿和家长，让他们被视频中的画面所感动，不由自主地跟随音乐歌舞，使热爱家乡的情感在热烈的歌舞中得到

升华。)

活动延伸

请家长利用节假日的时间带幼儿去湘乡市的各个景区参观游玩，品尝家乡的特色食物，体验家乡的美。

(二) 中班年级形式的亲子活动

金色的秋天

价值分析

4—5岁幼儿认知能力不断增强，对于秋天已积累了初步经验。《指南》在论及4—5岁幼儿的典型表现时，对幼儿提出"注意观察周围环境中的明显变化"，"了解植物和水、阳光的关系，了解生命成长的意义"，"能感知和发现不同季节的特点，体验季节对动植物和人的影响"，"能感知和发现动植物的生长变化及基本条件"，"能通过简单的调查收集信息"，"能用图画和其他符号进行记录"，"通过实际操作理解数与数之间的关系"，"在欣赏自然界和生活环境中的美的事物时，关注其色彩、形态等特征"，"能运用绘画、手工制作等表现自己观察或想象的事情"等合理期望，并相应地对成人提出"(为幼儿)创造交往机会，帮助幼儿学习交往技巧"，"注重在生活中的情境和机会教育"，"激发幼儿的科学兴趣"，"支持幼儿在接触自然、生活事物和现象中积累有益的直接经验和感性认识"，"利用生活和游戏中的实际情境，引导幼儿理解数的概念"等教育建议。"金色的秋天"这一活动，即是根据上述《指南》精神所设计的，旨在让幼儿和家长在亲子同游的过程中，共同感受秋天的美，发现秋天的特征，培养美的生活情趣，增进亲子感情。

活动目标

1. 幼儿发展目标：

(1) 欣赏秋天的美丽景色，产生热爱大自然的美好情感。

(2) 调查、收集关于秋天的信息，用符号和图画进行记录。

(3) 感知、发现秋天的季节特征，体验季节变化与动植物和人们生活的关系。

2. 家长发展目标：

(1) 积极参加亲子秋游活动，增进亲子交流，激发幼儿对于秋天的热爱之情。

(2) 支持幼儿的观察活动，引导幼儿有目的、有重点地观察秋天并记录自己的发现。

(3) 关注幼儿探究能力的培养，丰富和拓展幼儿对秋天的认知和理解。

活动准备

1. 经验准备：

(1) 幼儿通过观察周围环境，知道秋天的景色变化。

(2) 幼儿有一定的安全保护意识。

2. 材料准备：

(1) 教师制订和发放《家长活动须知》。

(2) 教师准备马克笔、绳子、胶棒、卡纸，音乐《郊游》。

(3) 每个家庭带适量食物、幼儿衣物、垃圾袋。

3. 场地准备：

教师和家委会共同选择安全、方便又富有意义的秋游地点。

活动过程

1. 亲子调查“秋天在哪里”：共同有目的地观察、发现秋天的特征。

教师：你们知道现在是什么季节吗？秋天有什么样的特点？大自然和我们的生活里都有一些什么变化？

(1) 幼儿和家长一起观察，将观察结果填写在记录表中，激发幼儿的探索欲望。

(2) 集体讨论“我找到的秋天”，引导幼儿发现秋天的季节规律。

教师：你发现秋天里有什么？它们是什么样的？

（家长通过具体提问，如秋天会开哪些花，秋天的水果有哪些，秋天的天气有什么不一样，秋天我们可以进行哪些活动，等等，引导幼儿有目的、有重点地观察。幼儿用自己喜欢的图画或符号将秋天的特征记录在表格里。）

2. 亲子手工“树叶拼贴画”：增强大胆创意造型的艺术表现力，进一步感知树叶在秋季的变化及特点。

(1) 玩竞赛游戏“捡落叶”，巩固数、物对应的数量关系。

游戏玩法：教师出示点卡，请幼儿和家长根据卡片上的点数捡落叶，再用布条把叶子捆成一捆，比比看哪一组家庭又快又准。

（家长有意识地突出幼儿的主体性，引导幼儿看清楚卡片，按要求点数并捡拾落叶，有需要时给予适当帮助。）

(2) 制作树叶拼贴画，感受树叶形态、色彩的多样性，富有创意地表现落叶的美。

教师：捡来的落叶都有哪些形状？像什么？什么颜色的？你想拼贴出什么

样的作品呢？

（家长注意倾听幼儿的创作感想，领会并尊重幼儿的创作意图，用温暖有爱的话语赞美幼儿。幼儿大胆、自主、自信地创作，并及时将自己的想法与家长交流。）

3. 亲子游戏“小树叶找朋友”：体会亲子游戏的快乐。

游戏玩法：家长和幼儿当“落叶”，边念儿歌边拍手，当听见教师说“×片叶子在一起”时，就要赶紧找到其他“落叶”抱在一起，凑成教师说的数字。没有找到同伴的“落叶”淘汰，坚持到最后的“落叶”获胜。

（家长引导幼儿集中注意力，快速反应，根据指定的树叶数量找到朋友；鼓励幼儿听清楚指令，主动找朋友，并自己进行点数验证游戏结果。）

4. 亲子运动会“水果大丰收”：激发幼儿锻炼的积极性。

（1）亲子游戏“运水果”。

游戏玩法：家长和幼儿两两一组，分成两队在起点处做好准备。教师发出口令后，孩子跨过小河（报纸）跑向终点的果园，为自己要帮助的小动物摘一个水果，然后返回起点，将水果放到框子里后和家长击掌，表示任务完成；依次接力进行。两队中最先完成的队伍获胜，奖励水果贴纸。

规则：前一组的幼儿和家长击掌后，后一组的幼儿才能出发；放在框子里的水果才能算个数。

（2）亲子游戏“切水果”。

游戏玩法：幼儿和家长手拉手围成一圈扮“水果”，请一个人扮“刀”，站在圈外。当“刀”的人说：“我是刀，我来切××（任意一种水果）。”其他人边围着圆圈走边念儿歌：“切，切，切，切××，我把××切两半。”当刀的人随儿歌的节奏依次在各拉手处切一下，儿歌念完至“切两半”时，切水果的人切到哪两个幼儿中间，哪两个幼儿就要马上向相反的方向围圈跑，谁跑回原地慢，谁就来当下次游戏中的“刀”。

规则：“刀”要切在幼儿拉手处；被切到的幼儿要向反方向围圈跑。

（家长积极、热情地参与游戏，带动幼儿参与的积极性；注意关注幼儿在游戏中的规则意识，建立良好的心态，正确面对输赢。）

活动延伸

1. 家长和幼儿一起用图文并茂的形式制作《秋游日记》，巩固幼儿对秋天的认识，记录秋游活动的温馨、精彩、有意义的瞬间。

2. 家长多带幼儿进行户外亲子活动，为孩子创造与大自然亲密接触的机会，丰富幼儿对其他季节的认知，拓展幼儿的知识面。

附调查表：

秋天在哪里

金色的秋天到来了！在这个多彩的、丰收的季节里，让我们和孩子一起走进秋天、观察秋天、欣赏秋天，鼓励孩子用照片、剪贴画或图画、符号等形式将秋天的特征记录在表格里。

秋天的叶子	（可以用画叶子、贴实物叶子或叶子图片的方式完成）
秋天的花朵	（可以用画花、贴实物花朵或花朵图片的方式完成）
秋天的果实	（可以剪一些图片贴一贴或画一画的方式，帮助孩子了解秋天丰收的各种果实）
秋天里的我	（在大自然中感受秋天的季节特征，并以图文形式记录下精彩的瞬间）

有趣的平衡

价值分析

影子是怎样产生的？磁铁为什么能将铁制玩具吸起来？无论在地球哪个地方，人们为什么都能稳稳当当地站在地面上？声音为什么能传很远……大千世界的种种现象无时无刻不在吸引着幼儿好奇的目光。一些在成人眼里再自然不过的事情，在幼儿那里，却成了无数个“为什么”的来源，而且这些看似平常的“为什么”，往往能够问倒家长。

其实，这一个个“为什么”正是幼儿认识世界、了解世界的开始。如果经过很好的激发和引导，幼儿最初的好奇心往往可以转变成对周围事物的兴趣；而幼儿的求知欲和探索精神也正是在一次次提出“为什么”且一次次找到答案的过程中培养起来的。因此，我们应该静下心来，倾听幼儿内心的疑问，再带着他们去观察，去思索，去寻找答案。

活动目标

1. 幼儿发展目标：

(1) 能运用各种感官，对周围的事物、现象进行观察比较，发现其相同与不同。

(2) 感知物体的平衡，对科学探索活动感兴趣，能用图画或其他符号进行记录。

(3) 感受与家长一起合作、一起游戏的快乐。

2. 家长发展目标:

(1) 体会科学探究活动的乐趣,了解科学活动对幼儿发展的重要性。

(2) 了解探究活动是幼儿园科学活动的重要形式,而幼儿是通过自己探索的方式进行学习的。

(3) 重视与教师之间的沟通机会,加强与幼儿之间的情感交流。

活动准备

1. 经验准备:

(1) 幼儿有简单记录的经验。

(2) 家长了解平衡与重心的关系,便于在活动中对幼儿进行指导和帮助。

2. 材料准备:

(1) 教师制订和发放《家长活动须知》。

(2) 教师收集生活中有关平衡的视频(杂技演员表演顶碗、走钢丝,体操,玩跷跷板等);制作 PPT(演示顶尺子的具体步骤)。

(3) 羽毛球拍、尺子(20 厘米)、书本、笔、碗、勺子、碳化积木、圆柱体木头积木、A4 纸张、硬币、(与参加的人数相等);记录表格(幼儿每人一份)。

3. 场地准备:

大礼堂(能容纳 100 人左右);空旷的大操场,其中划分出舞台区域。

活动过程

1. 在大礼堂播放有关生活中的平衡的视频。

教师:"我们大家一起来看看这段视频,告诉我你在视频里看到了什么? 你知道这是怎么回事吗?"

观看视频,让幼儿感知生活中的平衡,知道平衡与我们的日常生活息息相关。

2. 观看"杂技"表演,引出话题。

教师扮演杂技演员表演顶尺子。

教师: 大家好! 我们非常有幸地请来了杂技演员 ×× 老师,她精心为大家准备了一场"杂技"表演,她将通过这段特别的表演让大家更加了解什么是平衡。下面,让我们用最热烈的掌声欢迎××老师闪亮登场。

××老师: 大家好,我是一位杂技界的顶尖高手,任何东西,我只要用一根手指,就可以把它端端正正地支撑起来。你们看,这就是我的平衡杂技。

3. 出示道具尺子,家长与幼儿探索试玩。

(1) 家长与幼儿探索试玩。

教师：今天我们也准备了尺子，请你和爸爸妈妈一起去找找尺子在手指上的平衡吧！请把你找到的平衡用图画的形式记录在表格中。

（家长与幼儿共同探索，因为幼儿能力有限，家长要给予适当引导和帮助。教师要提醒家长引导幼儿用图画的形式将探索的情况记录下来。）

(2) 交流探索结果。

××老师：你们看，我用一根手指把长长的尺子支撑起来，尺子是不是不会倒向前、后、左、右任何一方啊？是不是非常端正啊？这就是平衡。

（幼儿在家长的帮助下，通过自己探索，感知平衡。教师根据幼儿的理解能力，对“平衡”进行专业而又生动的解释，帮助幼儿理解和感受。）

4. 幼儿与家长再次探索，并做好第二次记录。

(1) 家长和幼儿一同探索勺子横放在圆柱体上的平衡，从中找到物体的重心。

教师：接下来我们的任务会加大难度，小朋友用勺子在圆柱体上找找平衡，并记录下来。

（这个过程需要家长和幼儿配合，幼儿在家长的帮助下才能完成。）

(2) 在找物体平衡的同时认识“重心”，感知平衡与重心的关系，并做好记录。

（要求幼儿根据自己观察到的，用图画的形式记录下物体平衡时的状态。加大难度，再次探索：两头重量不一的物体怎么找平衡，再依据平衡找重心，体会平衡与重心的关系。在活动中，让幼儿感受与父母合作探索、一起游戏带来的快乐。）

5. 亲子杂技表演。

(1) 家长自由分组，选择再次探究的材料，找平衡。

教师：在活动场地我们为大家投放了许多不一样的材料，下面请大家每三个家庭为一组自由组合，选择材料继续去找物体的平衡。

(2) 家长和幼儿在操场上的舞台区分组表演。

（通过分组再次探索及表演，让幼儿在家长的帮助下发现更多物体的平衡状态，让家长和幼儿感受一起合作带来的快乐，增进亲子之情，体会探索成功的成就感。）

活动延伸

1. 生活中还有哪些有趣的科学现象？请家长带着幼儿找一找，并记录下来。

2. 家长可以利用周末的时间带幼儿去当地科技馆参观，观摩更多的科学现象，了解一定的科学知识，培养幼儿对未知的探究欲望。

二、结合社会文化开展的中班亲子活动

（一）中班班级形式的亲子活动

我们的地球

价值分析

地球是我们人类赖以生存的家园，天蓝、地绿、水清的居住环境是我们多年来的努力和向往。地球是什么样子？作为地球村的一员，我们如何去爱护它？对于中班的幼儿来说，了解地球环境的现状，践行低碳生活，是一项力所能及的、有意义的举动。“环境教育从娃娃抓起”，落实低碳行为需要家长、园所和社会的共同努力。

本活动旨在让中班的幼儿从自己身边的小事做起，将“保护环境”这样的大命题落实到自身的行为中，这既是幼儿园社会教育的方向，也是幼儿健康生活、良好行为习惯养成的目标。

活动目标

1. 幼儿发展目标：

(1) 了解低碳生活，萌发保护地球、爱护环境的意识。

(2) 知道 4 月 22 日是世界地球日，了解世界地球日的起源和目的。

(3) 乐意参与制作环保作品，能向家长、同伴表达自己的环保认知，通过自己的实际行动来保护地球。

2. 家长发展目标：

(1) 用行动影响幼儿，提升幼儿的环保认识，让他们知道保护地球、保护环境从身边的小事做起。

(2) 提高幼儿对环保问题的认识。

(3) 增强家园共育，落实可持续发展的环保行为。

活动准备

1. 经验准备：

(1) 幼儿知道 4 月 22 日是世界地球日，知道保护环境要从我们身边的每一件小事做起。

(2) 教师发动幼儿家庭收集用于“变废为宝”的材料，并初步构思作品。

2. 材料准备:

(1) 教师制订和发放《家长活动须知》。

(2)《低碳生活倡议书》;课件《世界地球日》、视频《我们的地球》;《爱护地球,我们的行动记录表》。

3. 场地准备:

教师布置出作品展示区。

活动过程

1. 体验环保出行上幼儿园,增进家庭成员低碳出行、从我做起的环保意识。

(1) 睡前,家长与幼儿商议第二天怎么去幼儿园,引导幼儿主动表达低碳出行的意愿并给予鼓励和支持。规划出行路线,协助幼儿完成。

(教师前一周做好宣传,倡议低碳出行。鼓励家长和幼儿转变出行模式,倡导公共交通和自行车、步行等方式出行,传播环保低碳和健康出行的理念。)

(2) 在规定时间抵达幼儿园。

2. 了解世界地球日,知道我们只有一个地球,需要共同爱护。

(1) 幼儿和家长共同观看课件,感受地球的美好。教师出示太空中的地球、自然风光、动植物等生态美景照片,家长和幼儿说一说自己最喜欢的图片是哪一张,喜欢的理由是什么。

(2) 观看视频《我们的地球》,了解地球的生态环境正在遭到破坏。

(3) 讨论如何保护地球,发表自己的想法和感受,幼儿和家长共同填写《爱护地球,我们的行动记录表》。

教师现场邀请家庭成员进行简单概括,说出自己的想法和感受。将行动记录表展示给大家,并归纳小结:从大家的分享和行动记录表中,老师感受到了大家对我们的地球母亲的焦虑之心和爱护之情。地球只有一个,她是我们唯一的家园。爱护家园,我们可以从自身做起。

(通过观看视频引导幼儿说出自己的感受,说一说自己在生活中能以哪些实际行动传播节能、减排、节约、低碳的环保理念。)

3. "变废为宝"亲子手工制作:通过对旧衣服、瓶子、闲置或废弃的生活日用品的改造,感受回收再利用的神奇,体验亲子互动、共同创作的喜悦。

(在制作过程中,要注重发展幼儿的动手能力。教师要引导家长鼓励、支持幼儿的想象和创作,关注幼儿的自由表达;引导幼儿和老师、同伴分享自己的相关经验。)

4. 展示欣赏。

介绍自己的作品，欣赏同伴的作品，感受低碳生活的乐趣。

（教师鼓励幼儿大胆介绍作品的名称、用途、材料。家长引导幼儿通过欣赏作品，感受旧物变新的奇妙，萌发低碳生活的意识。）

活动延伸

1. 鼓励家长和幼儿一起进行21天的环保行动。

2. 引导家长和幼儿一起在家学习垃圾分类的知识，尝试进行垃圾分类。

欢欢喜喜过新年

价值分析

4—5岁幼儿的认知能力不断增强，对春节已有初步的经验。《指南》在论及4—5岁幼儿的典型表现时，对幼儿提出“知道自己是中国人”，“能用自己制作的美术作品布置环境、美化生活”等合理期望，并相应地对成人提出“利用民间游戏、传统节日等，适当向幼儿介绍我国的民族文化和世界其他国家和民族的文化，帮助幼儿感知文化的多样性和差异性”，“运用幼儿喜闻乐见和能够理解的方式激发幼儿爱家乡、爱祖国的情感”等教育建议。“欢欢喜喜过新年”这一班级亲子活动，即是根据上述《指南》精神所设计的，旨在亲子互动的过程中，让幼儿了解春节的风俗习惯，感受中国传统节日的博大精深，体验与家人共迎春节的快乐，增强家庭归属感。

活动目标

1. 幼儿发展目标：

(1) 感受与家人共迎新年的乐趣，体验热闹、喜庆的节日氛围。

(2) 学习制作拉花和窗花，尝试用自己的作品装点、美化节日的教室环境。

(3) 知道春节是中国传统节日，初步了解春节的风俗习惯。

2. 家长发展目标：

(1) 积极参加亲子节日欢庆活动，增进亲子感情。

(2) 引导幼儿了解新年习俗，鼓励幼儿大胆表达自己对新年的感想和体会。

(3) 关注幼儿的情感培养，增强幼儿对传统节日的认知，激发幼儿的爱国之情。

活动准备

1. 经验准备：

幼儿初步了解过新年的风俗习惯。

2. 材料准备：

(1) 教师制订和发放《家长活动须知》。

(2)《红灯笼》故事挂图、各种颜色的彩纸、胶水、蜡笔；音乐《新年好》《喜洋洋》。

(3) 幼儿每人带一张自己以往在家过年时的照片，准备灯笼一个。

3. 场地准备：

教师打扫好班级卫生，将每个家庭带来的灯笼挂好，把班级内场地空出来，保证家长和幼儿有充足的活动空间。

活动过程

1. 跳一跳《喜洋洋》，感受新年的气氛。

(1) 听音乐《喜洋洋》，幼儿跟随音乐舞动，体验欢快的心情。

教师引导幼儿跟随音乐的节奏舞动。

(2) 幼儿和家长一起跳舞，体验共同表演的快乐。

（家长引导幼儿充分感受音乐的律动，热情回应幼儿的表演。幼儿用丰富的肢体动作随乐表演，与家长合作营造过新年的热闹气氛。）

2. 听一听《红灯笼》，了解过春节挂灯笼的风俗习惯。

(1) 参观灯笼展，感受愉快的节日氛围。

教师：红灯笼真美丽！为什么新年要挂红灯笼呢？

(2) 听故事《红灯笼》，初步了解故事内容。

教师：红灯笼走呀走，来到了哪里？发生了什么？小动物们为什么要跟着红灯笼？

(3) 表演《红灯笼》，家长和幼儿分别扮演故事中的角色，互动游戏。

（家长引导幼儿感受灯笼展热闹喜庆的氛围，了解这一春节习俗；引导幼儿充分表现角色的形象特点，大胆进行角色表演。）

3. 做一做好看的窗花、拉花，体验布置节日环境的喜悦感。

教师：热闹的新年就要到了，你们想用什么材料、什么方法将我们的教室布置得更漂亮？

共同制作窗花、拉花，装饰节日的教室。

（家长要注意与幼儿商讨制作方法的策略，有意识引导幼儿口述制作的过程，尊重幼儿自主的艺术表现，给予正面的评价；提示幼儿根据步骤进行手工制作，并按照自己的想法美化教室。）

4. 说一说祝福话，互相表达美好的祝福，感受甜蜜、温馨的亲子关系。

教师：新年到了，你要向家人、朋友送上什么样的祝福？送祝福的时候还可以做什么动作呢？

（家长鼓励幼儿用清晰、流畅的语言和自己喜欢的动作向同伴、长辈表达新年祝福。）

活动延伸

1. 请家长和幼儿交流新年的愿望，并为幼儿精心准备一份新年礼物，对其在过去一年中的进步给予鼓励。

2. 请家长带领幼儿参加丰富的体验活动，了解多元的民族传统节日文化。

附

红　灯　笼

新年里，老奶奶扎了一只漂亮的红灯笼。

外面真热闹啊！调皮的红灯笼一蹦一跳的，来到了大街上。小汽车们看见红灯笼，都嘎的一声停下来！警察叔叔急得吹起哨子："快抓住红灯笼！"红灯笼赶紧逃呀逃，它感到很委屈：为什么他们不喜欢我？

红灯笼走呀走，来到了树林里。咦，身后跟着一只小白兔。小白兔后面又来了一只小胖猪。嘿，小胖猪后面又来了一只小黄狗！"喵喵喵！"小黄狗后面又跟着一只小花猫。原来，小动物们正在准备过节，联欢会上正好少了一只红灯笼，大家一起说："红灯笼！我们都喜欢你。"

老奶奶半夜醒来，不见了红灯笼，很着急，她出门去找红灯笼，一边找一边喊："红灯笼，你在哪里？"

小花猫听见了，告诉了小黄狗。小黄狗听见了，告诉了小胖猪。小胖猪听见了，告诉了小白兔。小白兔听见了，告诉了红灯笼。

老奶奶终于找到了红灯笼。在动物新春晚会上，老奶奶还和红灯笼一起表演节目呢！红灯笼又回到了老奶奶家，老奶奶用一根黄绳子把红灯笼高高地挂在大门上。这个新年红灯笼过得真快乐！

城市美容师

价值分析

4—5 岁的幼儿社会性逐渐增强，对环卫工人有了初步的认知。《指南》在论及 4—5 岁幼儿的典型表现时，对幼儿提出"愿意并主动参加群体活动"，"愿意与家长一起参加社区的一些群体活动"，"（能）感受规则的意义，并能基本遵守规则”等合理期望，并相应地对成人提出“要引导幼儿尊重、关心长辈和身边的人，尊重他人劳动及成果”，“要遵守社会行为规则，为幼儿树立良好的榜样”等合理期望。“城市美容师”这一班级亲子活动，即是根据上述《指南》精神所设计的，旨在让幼儿在亲子互动的过程中，了解环卫工人的工作与人们生活的密切关系，感受环卫工人的辛苦和不易，从而产生尊重环卫工人的情感，并增进亲子感情。

活动目标

1. 幼儿发展目标：

(1) 感受和体会环卫工人劳作的辛苦，产生对环卫工人的尊重和感激之情。

(2) 和家长、同伴积极参与到环保实践活动中，养成爱护公共卫生的良好行为习惯。

(3) 了解环卫工人的工作内容，理解其劳动成果与人们生活的关系。

2. 家长发展目标：

(1) 积极参与亲子环保实践活动，做好爱护公共卫生的榜样示范。

(2) 鼓励幼儿有礼貌地与环卫工人交谈，了解其工作职责，表达对他们的尊重和关心。

(3) 培养幼儿爱护公共卫生的良好习惯。

活动准备

1. 经验准备：

幼儿知道环卫工人是“城市美容师”，对环卫工人的工作职责有初步了解；事先排练好幼儿节目。

2. 材料准备：

(1) 教师制订和发放《家长活动须知》。

(2) 神秘包装袋里的各种垃圾“礼物”，幼儿环卫服、扫把、簸箕、垃圾袋、垃圾小车、毛巾、水、纸巾。

3. 场地准备：

教师事先联系环卫所，将院子和休息处空出来，保证有宽敞的活动空间。

活动过程

1. 走进环卫所，了解环卫工人的工作职责。

(1) 与环卫工人谈话交流，拉近与环卫工人之间的心理距离。

教师：他们是谁？你们见过他们吗？在哪见过？他们在干什么？请他们来给我们介绍一下自己的工作吧！

(2) 实地观察，了解常见的清洁工具。

教师：环卫工人工作的时候用到哪些工具？分别有什么用？

（家长引导幼儿有礼貌地与环卫工人交谈，仔细聆听环卫工人的介绍，观察各种清洁工具，深入了解环卫工人的工作职责。）

2. 体验环卫工人的辛劳。

(1) 幼儿选择清洁工具打扫，感受和体验环卫工人的辛苦。

教师：请你们选择清洁工具，和叔叔阿姨们一起工作吧！

(2) 幼儿交流劳动成果，激发尊重环卫工人情感。

教师：你完成了哪些清洁工作？完成得怎样？辛苦吗？如果没有环卫工人辛勤地劳动，我们的城市会变成什么样子？

教师：环卫工人非常辛苦，每天默默无闻地工作，使我们的城市变得又干净又漂亮，使人们感到舒服和愉快。我们要珍惜环卫工人辛勤劳动的成果，做个讲卫生、不乱扔垃圾的好孩子。

（家长引导幼儿合理分工，鼓励幼儿自主选择，并坚持完成。幼儿认真完成体验任务，并大胆交流自己的感想和体会。）

3. 表达对环卫工人的感激之情。

教师：环卫工人的工作原来这么辛苦，你想对他们说些什么？我们可以为他们做些什么呢？

（家长鼓励幼儿为环卫工人表演节目，送毛巾、矿泉水和自制小卡片，用自己的实际行动表达对环卫工人的感激之情。幼儿大方地与环卫工人交流，表达自己的感激之情，注意使用礼貌用语。）

4. 制作环保宣传画，巩固爱护公共卫生的意识，激发爱护公共卫生的责任感。

教师：小朋友都懂得了要讲卫生，不乱扔垃圾，珍惜环卫工人的劳动成果。你有什么办法可以让更多的人一起行动起来？我们可以制作环保宣传画，制作环保标识，倡议大家一起努力，让我们生活的城市变得更加美丽。

（家长与幼儿交流进行环保宣传的想法，引导幼儿根据生活经验绘制环保宣传画，并在绘制过程中予以及时的鼓励和帮助，在必要的时候给予协助，如用简单的文字为幼儿画好的宣传标识注明宣传语等。幼儿用绘画的方式表达关于爱护公共卫生的想法。）

活动延伸

1. 请家长配合园所活动，鼓励幼儿在户外活动、游玩时，注意个人卫生，身体力行参与环境保护。

2. 请家长以身作则，做幼儿的学习榜样，以实际行动尊重、关心环卫工人。

3. 请家长拓展幼儿的生活经验，引导幼儿了解生活中为我们带来便利、作出贡献的人们，以实际行动表达自己的感激之情。

（二）中班年级形式的亲子活动

高 跷 乐

价值分析

民俗文化是大众文化，是贴近人们的身心与生活的，与幼儿的现实生活紧密相连。随着人们生活水平的不断提高，幼儿的玩具完全工业化，传统民俗游戏基本消失在我们的生活中。幼儿对身边传统民俗文化知之甚少，更谈不上继承和发扬了。因此，在幼儿园进行传统民俗文化教育，让幼儿从小了解中国的传统民俗文化，接受传统民俗文化的熏陶很有必要。

本活动以本地（湘乡市虞塘镇）简单易学的传统民俗游戏“踩高跷”为主题开展，旨在让民俗文化走进幼儿园，让幼儿从小感受中国传统民俗文化的博大精深，感受民间传统体育游戏的乐趣，从而加深对家乡的热爱之情，也使幼儿园教育更加生活化、多元化。

活动目标

1. 幼儿发展目标：

（1）初步感受民俗文化的魅力。

（2）在学习制作高跷的过程中，感受与家长一起合作、一起游戏带来的快乐。

（3）能大胆运用高跷进行各种体育锻炼，发展平衡能力，增强身体素质。

2. 家长发展目标：

（1）了解本地民俗文化及对幼儿发展的重要意义。

（2）知道中班年龄段幼儿的动作发展特点，学习用鼓励的方式促进幼儿语言、动作的发展。

（3）了解幼儿是通过游戏的方式进行学习的，游戏是幼儿园的主要教学形式。

活动准备

1. 经验准备：

指导家长通过调查、上网查询等多种途径，了解、搜集传统民俗文化的相关内容和资料，重点关注虞塘高跷文化发展历史及现状，了解高跷的做法、玩法。

2. 材料准备：

(1) 教师制订和发放《家长活动须知》。

(2) 教师收集高跷文化发展的相关文字资料、高跷制作方法及步骤图片、高跷表演视频。

(3) 家长帮助孩子收集制作高跷的材料（绳子、奶粉罐、饮料罐、小木墩、竹筒等）。

3. 场地准备：

活动在大礼堂或操场集中开展，场地布置要注意保证家长与幼儿有充足的活动空间。活动前一天在场地外围准备好小椅子（每位家长一把），以及电脑、音响、大屏幕等多媒体设备。

活动过程

1. 邀请周景祥先生来园为幼儿和家长介绍高跷文化及传统高跷的制作方法、表演技艺，让幼儿和家长感受高跷文化的魅力。

(1) 教师：亲爱的家长朋友们，小朋友们，今天我们幼儿园请来了一位特殊的客人，你们想知道他是谁吗？大家用掌声把他请出来。

(2) 周景祥老人现场给家长和幼儿介绍虞塘高跷文化。

大家好，我是虞塘镇高跷的第四代传承人周景祥，我一直在努力将高跷发扬光大。2015 年，虞塘高跷列入了湘乡第一批市级非物质文化遗产保护名录，它的历史非常悠久。

相传明朝正德年间，明武宗朱厚照私访江南。春节期间途经湘乡虞塘，明武宗一行参加虞塘花灯会的游艺活动，向当地人传授了高跷技艺，从此这门技艺一直流传了下来。虞塘镇玩高跷的传统就起源于此。村里上至 70 多岁的老人，下至 90 后的青年，都非常喜欢。

高跷不但是虞塘的文化瑰宝，也是我们的文化名片，同时也为村民们找回了失落已久的“年味”。每逢重要佳节，表演者在大家的簇拥下，脚踩高跷，表演节目，舞姿雄健，现场好不热闹。

虞塘高跷以“高”而闻名，最高的达到 3.5 米，制作材料也很有讲究，要选用大小适中的杉树来做。踩脚的地方和高跷的高度搭配都有严格的要求。大人踩的和小孩踩的尺寸也不同。一般都要请专业的木匠师傅来做。表演者踩跷后比一般人高出很多，虞塘高跷之所以这么高，是为了便于远处的观众观看。

虞塘高跷表演者扮演的人物多来源于汉族传统戏曲和民间故事，如《三国演义》《西游记》《八仙过海》《五子登科》《永乐观灯》等。为了练习高跷，表演者要克服不少常人难以想象的困难。三伏天，坐着不动都浑身冒汗，表演者却要穿上表演的服装，站在高跷上扭身子、单腿跳、跳桌凳、翻跟头等。正式表演时，表演者踩在3米多高的高跷上，与农家屋檐“齐眉”，在人们的簇拥和追逐中沿着老街巡游表演。

在老人介绍的同时，教师播放事先准备好的相关资料和视频。家长和幼儿边听边看，感受高跷文化的魅力。

（邀请高跷文化传承人来园介绍，能让幼儿和家长近距离感受高跷文化的魅力，能直接唤起家长对传统民俗文化的追忆。教师根据中班幼儿的年龄特点，选取生动有趣的视频资料，对幼儿进行传统民俗文化教育，激发幼儿对传统民俗文化的喜爱和参与传统民俗游戏的兴趣。）

2. 家长和幼儿一起制作高跷，感受亲子互动的快乐。

教师：小朋友们，刚才我们听周景祥爷爷介绍了他们踩的传统高跷的制作方法，现在我们用自己带来的材料，用自己的方法也来制作一对高跷怎么样?

(1) 家长和幼儿一起将事先收集、准备好的奶粉罐和绳子拿出来，在每个奶粉罐的两侧用大铁钉扎两个对称的孔。

(2) 选取一段稍粗的绳子，根据幼儿的身高，截成同样长的两段，每段绳子相当于幼儿腿长的两倍。

(3) 把绳子的两端分别穿进奶粉罐两侧的孔中，在罐子内打结，完成。

(4) 展示自己制作的高跷。

（通过制作高跷，激发幼儿的想象力、创造力，提高他们的动手能力，让他们感受亲子互动的快乐。）

3. 玩亲子游戏“踩高跷”，感受亲子游戏的快乐。

游戏玩法：幼儿尝试两只脚踩上高跷，两只手分别抓住固定在高跷上的绳子，双脚交替往前走。

动作要领：要用脚底中心踩在高跷上，两只手拉直绳子，眼睛向前看。个别能力稍差一点的幼儿，可以在家长的帮助下，先尝试一只脚踩高跷，慢慢地再两只脚踩。

(1) 自由探索高跷玩法。

鼓励幼儿探索高跷的多种玩法，可以一个人玩，也可以和家长一起玩。请个别玩得好的幼儿演示，鼓励其他幼儿尝试这种玩法。

(2) 踩高跷直线走。

玩法：幼儿踩着高跷沿着操场上的跑道直线前进。

(3) 踩高跷绕障碍走。

玩法：在跑道上摆几把小椅子，幼儿踩着高跷绕过小椅子走到终点。家长在终点接力，踩高跷绕过小椅子回到原处。

活动延伸

鼓励幼儿和家长一起尝试更多的高跷制作方法和玩法。可以在家里经常进行这样的亲子活动，让幼儿锻炼身体，增强体质，同时增进亲子感情。

跳蚤市场

价值分析

家长在孩子身上都特别舍得花费，为宝宝买的玩具、书籍等往往摆满了大橱小柜。随着幼儿年龄的增长，这些玩具、书籍都面临淘汰，留之闲置，弃之可惜。鉴于此，我们设计了跳蚤市场的活动，旨在引导幼儿关注生活、学会生活、感受生活，提高生活实践和社会适应能力；通过向福利院捐赠的环节，教育幼儿学会分享，培养他们对弱势群体的同情、关爱之心。

活动目标

1. 幼儿发展目标：

(1) 愿意参与跳蚤市场的活动，体验公平买卖、献出爱心的乐趣。

(2) 乐于体验并完成物品交易，将交易额捐赠到福利院。

(3) 乐于与同伴礼貌交往，尝试正确找零并统计出最后的交易金额。

2. 家长发展目标：

(1) 提高参与幼儿园活动的积极性，增强对幼儿教育的责任感和意识。

(2) 鼓励家族成员加入到献爱心的行列中。

(3) 用欣赏和发展的眼光看待幼儿，鼓励幼儿大胆去做自己想做的事情。

活动准备

1. 经验准备：

幼儿已认识 10 元以内面值的纸币；在家模拟跳蚤市场，尝试参与买卖，学习计算价钱、讨价还价，对交易行为有基本的了解。

2. 材料准备：

(1) 教师制订和发放《家长活动须知》。

(2) 每个家庭准备一些幼儿已不再使用的玩具、图书、学习用品(要求七八成新，干净、完整，能够再次使用)；幼儿和家长共同对商品进行清洗、消毒并标好价格(每样价格不超过 10 元)；幼儿和家长共同设计好摊位名称和广告，准备好摊位地垫。

(3) 横幅、彩旗、市场管理员袖章、幼儿工作卡、募捐箱，贫困山区生活视频。

3. 场地准备：

幼儿园所在社区空旷、平坦、安全的户外场地。

活动过程

1. 玩开场游戏“许多花猫”，迅速找到各自的摊位并进行布置。

游戏玩法：家长和幼儿分别扮演“大花猫”和“小花猫”。幼儿一边唱“小花猫，喵喵叫，今天我们做游戏，找个地方躲起来，快点躲起来”，一边找自己的摊位，找到后做出“躲起来”的动作；然后家长一边唱“大花猫，喵喵叫，我的小猫快躲好，一会爸爸/妈妈就来找”，一边在摊位中寻找自己的孩子，找到孩子后唱“找呀找呀找到啦，小猫找到啦”，并将其抱起，亲吻。

(游戏开始前，教师演唱歌曲，进行示范，让家长与幼儿共同参与，感受游戏的快乐，拉近亲子关系。在游戏过程中，教师要关注幼儿的专注力和参与度，并对家长与幼儿之间的肢体动作和语言表达进行指导。)

2. 福利院代表发言，升华活动内涵。

(1) 福利院代表对参与此次活动的幼儿和家长表示衷心感谢。

(2) 播放贫困山区生活视频，激发幼儿同情心，鼓励幼儿积极参与义卖。

(观看视频，让幼儿了解自己的生活是很幸福，但世界上还有很多孩子生活得非常艰苦，使幼儿对在贫困地区生活的孩子产生关注和帮助之心。)

3. 亲子义卖活动。

(1) 本园幼儿可以进行买卖和交易，社区成员也可加入到买卖中。

(2) 亲子表演吸引同伴和社区成员来摊位进行交易和买卖。

(幼儿通过模仿进行买卖，增强买卖的概念，增进幼儿社会交往能力和语言表达能力。活动过程中教师要引导父母关注自己的孩子，通过示范和语言引导，鼓励幼儿大胆与人交流，尝试推销自己的物品并且购买自己喜欢的物品。)

4. 统计清点收入。

(1) 家长和幼儿共同清点收入，计算收入。

(2) 幼儿和同伴讨论自己的收入，交流跳蚤市场活动的感受、想法和经验。

(幼儿通过清点收入，了解自己的活动表现，对活动进行小总结。其间家长可以用积极正面的语言引导幼儿，帮助幼儿建立信心。)

5. 家长和幼儿一起将义卖得来的钱放入募捐箱。

活动延伸

将“爱在传递”的理念根植于每一个家庭，定期组织分享和传播活动，以点带面，在幼儿心里从小播下爱的种子。

三、结合幼儿身心发展特点开展的中班亲子活动

(一) 中班班级形式的亲子活动

长大的我

价值分析

随着幼儿的自我意识的逐步增强，4—5 岁的幼儿已能明显感觉到自己的成长变化。《指南》在论及 4—5 岁幼儿的典型表现时，对幼儿提出“知道自己的一些优点和长处，并对此感到满意”，“自己的事情尽量自己做，不依赖别人”，“能对事物或现象进行观察比较，发现相同和不同之处”等合理期望，并相应地对成人提出“要有意识地引导幼儿观察周围事物，学习观察的基本方法，培养他们的观察能力”，“对幼儿好的行为表现多给予具体、有针对性的肯定和表扬，让他对自己的优点和长处有所认识并感到满足和自豪”，“幼儿自己的事情尽量放手让他自己做，即使做得不够好，也应鼓励并给予一定指导，让他在做事中树立自尊和自信”，“通过和幼儿一起翻阅照片，讲幼儿成长故事，让幼儿感受到家庭和幼儿园的温暖，对养育自己的人产生感激之情”等教育建议。“我长大了”这一班级亲子活动，即是根据上述《指南》精神所设计的，旨在让幼儿在亲子互动的过程中，了解成长的自然规律，增加“长大了更加能干了”的自信心，并增进亲子之间的情感交流。

活动目标

1. 幼儿发展目标：

(1) 体会成长的快乐与自豪，萌发为他人服务的意识。

(2) 体会到父母养育自己所付出的辛劳，愿意用多种方式表达感恩之情。

(3) 学习对比观察的方法，发现自己在身体、心理、能力等方面的变化，尝试

用语言、艺术等形式表达自己的感受。

2. 家长发展目标：

(1) 营造温馨、和谐的家庭氛围，让幼儿感受到家庭的温暖，增进亲子感情。

(2) 关注幼儿的点滴变化，细心记录幼儿的成长过程，为幼儿的认知、回顾提供支持。

(3) 肯定幼儿的成长进步，培养幼儿自尊、自信、自立的品质。

活动准备

1. 经验准备：

幼儿大概了解自己出生到长大的过程。

2. 材料准备：

(1) 教师制订和发放《家长活动须知》。

(2) 幼儿在幼儿园拍的照片(捶背、拥抱、端水等)，贴纸、彩色广告纸、手工剪刀、胶水等；背景音乐《明天，你好》。

(3) 幼儿带自己婴儿时期和小班时的照片及父母儿时的照片来幼儿园。

3. 场地准备：

教师事先将班级内场地空出来，保证家长和幼儿有充足的空间活动。

活动过程

1. 亲子游戏“猜猜这是谁”：学习对比观察的方法，感受成长带来的变化。

(1) 游戏玩法：教师用遮挡物遮住1名幼儿照片的脸部，引导其他幼儿猜测是谁；也可以出示遮盖了脸部的幼儿小班时的照片或者其家长儿时的照片，集体猜测照片的主角是谁，并说说照片上的人以前和现在有什么变化。

(2) 亲子面对面，互相观察并用语言描述对方的变化。

(家长引导幼儿学习对比观察的方法，鼓励幼儿用语言讲述自己的发现。幼儿大胆地参与猜一猜的游戏并说出自己的发现。)

2. 亲子交流“儿时的我”：了解自己成长的过程，感受亲密的亲子关系。

(1) 家长讲述故事，幼儿了解自己的出生过程。

教师：你们知道自己是怎么出生的吗？

(2) 幼儿看照片，感受自己婴儿时期的特点，发现自己的成长变化。

教师：小时候的你是什么样子的？有没有头发？爱笑还是爱哭？照片上的你正在干什么？有什么有趣的事？听爸爸妈妈给你说一说吧。

(家长讲述幼儿的成长故事，用充满童趣的语言帮助幼儿了解他们的成长过

程。教师引导幼儿有目的地观察，对互动好的家庭给予肯定和鼓励。）

3. 亲子游戏“我长大了”：体验成长的快乐与自豪感。

教师：你长大了，能够为老师、小伙伴、家人做些什么呢？

游戏玩法：幼儿和家长分别站在教室两端，教师发出“开始”口令后，幼儿跑到教室中间，从盒子里拿一张任务卡片，请家长配合自己完成卡片上要求的事情（捶背、拥抱、端水、换鞋、讲故事等），家长则及时给予孩子贴纸作为奖励，获得贴纸最多者胜。

（家长做出表率，遵守游戏规则，用拥抱、亲吻等方式肯定幼儿的表现。教师鼓励幼儿用心为父母服务，用行动表达对父母的爱。）

4. 亲子艺术活动“感恩树”：表达对周围人的感恩之情。

教师：我们的爸爸、妈妈、爷爷、奶奶、老师一直陪伴、关心、爱护我们，我们也要尽自己的能力关心、爱护他们！

(1) 幼儿和家长共同表演舞蹈《感恩的心》。

(2) 幼儿和家长共同制作感恩树。

（幼儿与家长合作，大方表达自己的感恩之情；在手工活动中大胆创意、制作，表达自己的想法。家长积极参与表演和手工活动，倾听幼儿表达的想法和感受，对幼儿的表现予以及时肯定。）

活动延伸

1. 幼儿和家长共同绘制爱的卡片，激发幼儿的爱家人的美好情感，家长积极表达对幼儿的爱；在生活中给予幼儿自己动手的机会，锻炼幼儿的自理能力，激发他们“我长大了”的自豪感和责任意识。

2. 家长多与幼儿沟通交流，创设“谈话时间”，营造自由交谈的氛围，进一步了解幼儿，关注幼儿的变化，更好地引导、教育幼儿。

能干的爸爸

价值分析

当今社会中，妈妈常常被认为是幼儿主要的照顾者，幼儿也往往更依恋自己的妈妈。而许多爸爸则对自己的孩子缺乏了解与关注。要知道，爸爸的爱在幼儿的成长中起着重要的、不可替代的作用。作为幼儿生命中“重要的人”，爸爸的爱对幼儿的影响远不止于智力，还涉及体格、情感、性格等诸多方面。中班的幼儿正处于各方面发展的关键阶段，他们需要了解爸爸，需要爸爸的陪伴，需要与爸爸有丰富多样的互动，需要与爸爸相互表达心中的爱。

于是，我们设计了一系列“大手牵小手”的活动，让爸爸们参与到与幼儿的互动中来。活动中，爸爸和幼儿一起阅读绘本，享受相互陪伴的时光，感受亲子阅读的温馨。播放记录爸爸们各自工作的视频，爸爸和幼儿一起来介绍视频中的内容，让幼儿了解爸爸的职业，感知爸爸工作的辛苦，为爸爸而感到自豪。同时，在活动中提升爸爸们的育儿经验，增强他们的责任感。

活动目标

1. 幼儿发展目标：

(1) 通过爸爸的陪伴，感受爸爸的爱。

(2) 了解爸爸的职业，为爸爸而感到自豪。

(3) 乐意亲近爸爸，了解爸爸对自己的爱。

2. 家长发展目标：

(1) 积极参与幼儿园的活动，感受幼儿园的教育氛围。

(2) 进一步了解幼儿，提升育儿经验。

(3) 理解幼儿的学习方式，关注幼儿在游戏中的学习和成长。

活动准备

1. 经验准备：

(1) 学期初教师公布活动计划，安排活动时间。

(2) 幼儿对爸爸有一定了解，知道爸爸的年龄、工作、爱好，观察爸爸为自己做了什么。

2. 材料准备：

(1) 教师制订和发放《家长活动须知》。

(2) 爸爸拍摄好自己的工作视频。

(3) 每桌一个小盘、一块抹布，盘中放一块浸过红颜色的湿海绵；幼儿绘本故事《我的爸爸》、各色彩笔、画纸；音乐《大头儿子小头爸爸》动画片主题曲。

3. 场地准备：

安排好阅读区、美工区和游戏场地的相关设施，保证家长与幼儿有充足的活动空间。

活动过程

1. 看一看：了解爸爸不一样的爱。

(1) 阅读绘本《我的爸爸》，理解绘本内容，感受温馨的亲子阅读氛围。

(2) 回顾绘本内容，集体讨论。

教师：书中的爸爸是什么样子的？你爸爸是什么样子的？你的爸爸和书中的爸爸有什么不一样？（请幼儿回答）

教师：您认为您的孩子喜欢您吗？从哪些地方能够表现出来？您平时是怎样爱您的孩子的？（请爸爸回答）

(3) 播放爸爸的工作视频，让幼儿了解爸爸的职业，激发幼儿为爸爸而感到自豪的情感。

教师：在视频中看到你的爸爸了吗？他在干什么？

(4) 请爸爸代表来说一说自己的工作，并展开讨论，鼓励幼儿大胆介绍自己爸爸所从事的工作。

教师：爸爸除了平时的工作还为我做了什么？让我们夸夸自己的爸爸。

(5) 教师梳理小结：爸爸在我们的眼中都是最棒的，最了不起的。爸爸平时工作很辛苦，我们要学会爱爸爸，为爸爸做一些力所能及的事。

（教师鼓励家长和幼儿一起阅读绘本，重点引导幼儿结合绘本中对爸爸的描述，来说说自己的爸爸。幼儿通过和家长一起观看视频，听家长代表讲述自己的工作，展开讨论和交流，感受爸爸的付出及工作的辛苦。教师关注幼儿在活动中的表现，提醒幼儿口齿清晰地、完整地表述，对互动好的家庭进行及时的肯定与鼓励，激发幼儿爱爸爸的美好情感。）

2. 画一画：创作手掌拓印画，并进行添画，体验父子合作完成作品的乐趣。

(1) 播放动画片《大头儿子小头爸爸》的主题曲引入活动。

(2) 幼儿将自己的小手与爸爸的大手比一比，说说自己的发现，回忆日常生活中的相关经验。

教师：爸爸的大手能为孩子做些什么？孩子的小手能为爸爸做些什么？

(3) 教师出示一张有大手印和小手印的拓印画，激发父子作画的兴趣。

教师：画中有什么？它是怎样画上去的？哪个是爸爸的手印？哪个是孩子的手印？

(4) 幼儿和爸爸尝试合作创作手掌拓印画并添画，教师巡回指导。

(5) 举办亲子作品展，请出2—3对父子介绍自己的作品。

（教师可以出示一张完成好的手掌拓印画，引导家长和幼儿了解作画的步骤。然后请家长和幼儿合作创作，提醒家长和幼儿拓印完一定要用抹布把手擦干净，再进行添画。亲子作品展结束后可让孩子把作品带回家保存。）

3. 玩一玩：开展亲子互动小游戏，让孩子体验爸爸的高大和力量，感受父子间的亲密。

(1) 教师引导进入亲子互动游戏环节。

教师：今天我们和爸爸来玩“登小山”的游戏。看，爸爸高大的身体像一座小山，看哪个孩子能登到最高处。

(2) 教师介绍游戏玩法，请一对父子示范游戏。

游戏玩法：爸爸拉开马步站好，稍屈双膝，让幼儿脱掉鞋子进行攀登。当幼儿爬到“半山腰”时，爸爸一边说“大风来啦”，一边晃动身体。如果幼儿手没抓好，就会“滑”下“山”。如果幼儿双手能牢牢钩住爸爸的脖子不掉下来，就算爬到山顶。

(3) 合作游戏，体验亲子互动的快乐。

(4) 进行“登小山”比赛，看谁最快登上山顶。两对父子为一组，分组进行。

(教师在介绍游戏玩法时，让一对父子做示范。游戏正式开始，每两对父子为一组，其中一对父子在玩登山游戏时，另一对父子的爸爸在一旁做保护，幼儿为登山者加油。游戏要求有足够的安全活动空间，并在地面铺设软垫。爸爸和幼儿应穿适宜运动的衣服，活动时幼儿最好赤足。)

4. 说一说：爸爸和幼儿互相表达心中的爱。

(1) 教师进行总结梳理。

教师：今天，爸爸和你都做了些什么？你们的心情是怎样的？你们要用什么样的方式来表达现在的心情？

(2) 爸爸和幼儿相互表达心中的爱。爸爸对幼儿说句“心里话”，爸爸也听听幼儿的“心里话”。

教师：今天的活动让爸爸们感受到了什么？请爸爸对孩子说句话来表达自己的感受吧。

教师：听了爸爸的话，孩子想对爸爸说什么呢？

(3) 爸爸和幼儿用相互抱一抱、亲一亲，让爸爸举一举等不同的方式来表达双方的爱。

(幼儿和爸爸产生“情感的共鸣”，是整个活动的高潮部分。这需要教师通过富有感染力的语言和肢体动作进行引导。)

活动延伸

1. 条件允许的话，爸爸可以带幼儿去自己工作的单位参观，让幼儿直观地了解爸爸的工作环境和工作任务。

2. 建议爸爸有时间就带幼儿进行远足、登山、骑行等户外活动。

(二) 中班年级形式的亲子活动

扑克造型

价值分析

扑克牌是人们日常生活中非常熟悉的娱乐玩具,利用扑克进行智力游戏也是大家喜闻乐见的一种娱乐方式,常见的游戏有凑24点、数的组成分解、拖板车、比大小等。观察扑克牌质地,会发现它有一定的硬度、固定的尺寸和一致的背面花纹。它能用于低龄幼儿的游戏中,是一种造价低廉且极具挑战性的结构游戏材料。

中班幼儿已经具备一定的建构技能,如平铺、围合、垒高等,但精细建构中的手眼协调、寻找平衡支点等动作经验和专注、耐心、不气馁等意志品质还有待发展。这个阶段的幼儿正处于环境模仿期,成人的榜样作用能潜移默化地影响他们,使他们朝正面、积极的方向发展;同时,在成人与幼儿的互动中,教师也能传递家园共育的有效信号,科学引导家长参与到"有质量的陪伴"中来。基于此,我们设计此亲子活动,让家长与幼儿通过共同完成游戏任务,学习在合作中相互欣赏,体验亲子游戏的愉悦。

活动目标

1. 幼儿发展目标:

(1) 在扑克造型中,愿意表达自己的意愿,乐于动手,积极合作。

(2) 努力看懂图纸,观察家长动作,学习家长的建构方法和技巧。

(3) 喜欢和家长一起游戏,欣赏家长在建构游戏中表现出的技艺,体验成功的喜悦。

2. 家长发展目标:

(1) 理解游戏是幼儿的基本活动,了解幼儿现阶段建构游戏水平。

(2) 感受幼儿在游戏中的动作发展和情绪状态。

(3) 分工合作,用积极正面的方法鼓励、引导幼儿,体验亲子共同完成任务、解决问题的乐趣。

活动准备

1. 经验准备:

幼儿有架空、折叠、围合、垒高、平铺等基本建构经验。

2. 材料准备:

(1) 教师制订和发放《家长活动须知》。

(2) 扑克牌若干套;广告纸、纸巾筒、篮子、双面胶、透明胶、剪刀、订书机、背景板、记号笔等;幼儿在家玩亲子建构游戏的作品照片;参观券、评价表;展板。

3. 场地准备:

宽敞明亮的活动室。

活动过程

第一阶段:分班级进行扑克搭建

1. 导出话题:聊一聊和爸爸妈妈在家玩的建构游戏。

(1) 教师提问:你们都搭建了什么?使用了什么材料?

(2) 展示图片,幼儿和家长合作介绍。

(教师引导家长介绍建构的技巧和方法,鼓励幼儿介绍建构的作品,分享和积累建构经验;教师可提前关注各组家庭建构作品的水平,适时引导家长或幼儿进行核心技能的示范。)

2. 引出新材料:试一试,用这种材料可以建构吗?

(1) 教师介绍扑克牌,请幼儿和家长摸一摸,说一说可以怎样建构。

(2) 试一试:家庭内部尝试搭建。

(3) 说一说:怎样搭可以稳固。

(准备好足够的扑克牌供每个家庭独立使用,教师观察搭建过程,寻找使扑克牌稳固的方法,同时控制时间;有针对性地请家长或幼儿发言,注意引导示范。)

3. 提出任务:班级合作建构。

(1) 解决问题:搭建什么?如何搭建?

(2) 以班级为单位讨论分工,绘制简易图纸。

(3) 共同建构。

(教师引导家长和幼儿统一方案,绘制简易图纸,并在此基础上进行分工合作;关注家长和幼儿的合作程度和合作的方式方法,适时提示家长将某些任务交给幼儿,观察幼儿在游戏中的状态,并用积极的语言鼓励和协助幼儿完成任务。)

4. 欣赏交流:我们都很棒。

(1) 整体欣赏:和我们的图纸一样吗?建构得怎么样?

(2) 局部欣赏:谁来说说你遇到了哪些困难?怎么解决的?

(3) 拓展交流:扑克牌还可以用来建构什么?除了扑克牌,你还希望添加什么玩建构游戏的材料?

(4) 亲子互赠一句话。

(5) 合影留念。

(此环节的重点是营造亲子交流的氛围,学习互相欣赏。教师引导幼儿回忆建构过程中家长给予的鼓励和帮助,同时引导家长关注幼儿在游戏中获得的学习品质的发展;注意结合幼儿动作发展和学习特点,用游戏中的实例和积极正面的语言对此活动进行小结。)

第二阶段:年级组内互相欣赏、评价

1. 教师交代参观要求和评价方法:引导家长和幼儿发现和学习他人作品的优点。

(1) 发放参观券(背面为评价表)。

(2) 交代参观顺序和评价要求:请家长和幼儿为自己认为优秀的作品投票,并写上理由。

(教师提示家长按参观券上的顺序,在规定的时间内依次参观其他班级的作品;引导幼儿从整体到局部有序观察。)

2. 返回本班活动室,回收评价表。

(教师提前请家委会协助进行回收评价表、唱票等工作。)

3. 共同总结,活动结束。

(教师引导家长和幼儿说说对其他班级作品的印象,亦可以联系到本班作品,谈谈可以改进的地方。)

第三阶段:活动后布置展板

幼儿园将各班级的设计图纸、成品拍下来,张贴在展板上,并对应贴上评价表,供全园幼儿、家长和教师欣赏。

活动延伸

1. 家长可以带幼儿以各种形式欣赏世界各地有代表性的建筑物及其图纸,了解建筑的发展史。

2. 家长与幼儿共同设计未来的家,并自选材料建构。

附1:参观券正面

中一班参观券			
	中二班→	中三班→	中四班
扑克造型名称			

中二班参观券			
	中三班→	中四班→	中一班
扑克造型名称			

附2：参观券背面（评价表）

我最喜欢的作品			
作品名称		作品班级	
我喜欢的理由			

附3：活动照片

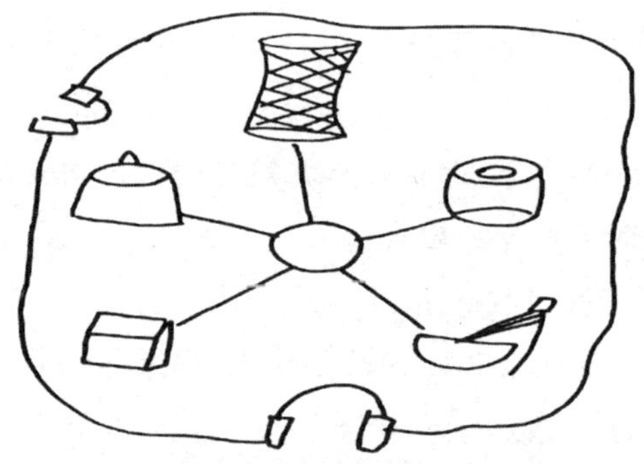

图1：现场设计的图纸

图2：亲子合作建构

图 3：家长协助幼儿布景

图 4：效果呈现一

图 5：效果呈现二

图 6：效果呈现三

第四章

幼儿园大班亲子活动案例

一、结合幼儿发展目标开展的大班亲子活动

(一) 大班班级形式的亲子活动

祖国妈妈我爱你

价值分析

5—6岁幼儿已具有民族自豪感,为自己是一名中国人感到自豪和骄傲。《指南》在论及5—6岁幼儿的典型表现时,对幼儿提出"知道自己的民族,知道中国是一个多民族的大家庭,各民族之间要相互尊重,团结友爱","知道国家一些重大成就,爱祖国,为自己是中国人感到自豪"等合理期望,并相应地对成人提出"和幼儿一起看有关的电视节目或画报等,和他们一起收集有关家乡、祖国各地的风景名胜、著名的建筑的图片等,在观看和欣赏的过程中激发幼儿的自豪感和热爱之情","向幼儿介绍国旗、国歌以及观看升旗仪式的礼仪"等教育建议。"祖国妈妈我爱你"这一班级亲子活动,即是根据上述《指南》精神所设计的,旨在让幼儿在亲子互动的过程中,感知和体验祖国多彩的民族文化,萌发作为中国人的自信心和自豪感。

活动目标

1. 幼儿发展目标:

(1) 为自己是一名中国人而感到骄傲和自豪,萌发热爱祖国的美好情感。

(2) 能运用折、剪、贴的方法制作五星红旗,表达爱祖国的美好情感。

(3) 知道我国是一个多民族的国家,了解一些少数民族的名称与风俗习惯。

2. 家长发展目标:

(1) 积极参加亲子活动,感受与幼儿共同学习的快乐,增强家庭归属感。

(2) 引导幼儿了解祖国的重大成就以及一些少数民族的风俗习惯。

(3) 支持和肯定幼儿用自己的方式表达爱祖国的美好情感。

活动准备

1. 经验准备:

幼儿参加过升旗仪式,对中国是一个多民族国家有初步的了解。

2. 材料准备:

(1) 教师制订和发放《家长活动须知》。

(2) 士兵服饰、玩具枪、国旗、民族娃娃的头饰和图片、民族舞蹈服装、一次性筷子、剪刀、红色广告纸、黄色广告纸、大白纸;音乐《中华人民共和国国歌》《民族大联欢》。

3. 场地准备:

教师事先将班级内场地空出来,保证家长与幼儿有足够的空间活动;国旗台。

活动过程

1. 家长和幼儿共同参与升旗仪式,产生光荣感和使命感。

教师:升国旗的时候我们应该注意什么?怎么站?怎么行礼?

(家长对国旗行注目礼,做好榜样示范,引导幼儿在升国旗、奏国歌时能约束自己的行为,安静肃立行注目礼,不讲话,自觉站好。)

2. 亲子游戏"民族娃娃蹲蹲乐":巩固对于少数民族服饰的认知,体验亲子游戏的快乐。

(1) 教师出示头饰,激发幼儿的游戏兴趣。

教师:你知道这些头饰来自哪个少数民族的娃娃吗?

(2) 玩亲子游戏"民族娃娃蹲蹲乐"。

游戏玩法:幼儿和家长分成两队。每人选择一个头饰并记住其代表的民族,再熟悉队友所选头饰的民族名称。教师喊口令,如:藏族娃娃蹲,藏族娃娃蹲,藏族娃娃蹲完傣族娃娃蹲……被叫到的人继续说,若未说出或是蹲错了则被淘汰。最后哪一队的人多即获胜。

(家长积极参与游戏,遵守游戏规则,做好榜样示范。幼儿认真投入游戏环节,正确面对游戏输赢结果。)

3. 亲子表演"民族大联欢":加深对于少数民族文化的认知,共同表现民族团结的欢快场景。

(1) 教师出示民族娃娃图片,巩固幼儿对少数民族的认知和了解。

教师：你认识这个民族娃娃吗？他(她)的服饰有什么特点？谁能用舞蹈动作表现这个民族的特点？

(2) 开展亲子表演“民族大联欢”，表现少数民族音乐和舞蹈的特点。

（家长根据乐曲风格顺次出场，用夸张的动作和表情感染幼儿，鼓励幼儿根据已有经验认知，大胆创编动作随音乐起舞。幼儿积极参与，与家长快乐地随乐舞蹈。）

4. 家长和幼儿合作制作五星红旗，表达爱祖国的美好情感。

(1) 观察制作材料，讨论制作方法。

教师：你们知道国旗上有什么图案？国旗上有哪几种颜色？可以用哪些手工材料来制作呢？我们一起来制作美丽的五星红旗吧！

(2) 家长和幼儿合作制作五星红旗，表现国旗之美。

（家长提供机会让幼儿自主分工、安排，及时肯定幼儿的想法。幼儿与家长互相配合，自主自信地参与手工活动。）

活动延伸

1. 十一假期，请家长带幼儿一起出游，领略祖国的大好河山，制作出游日记，萌发热爱祖国的情感。

2. 请家长和幼儿一起观看有关祖国大好河山的电视节目、电影、新闻等，学习认识地球仪和中国地图，感知祖国的地大物博，拓展和丰富有关民族风俗的知识。

欢乐毕业季

价值分析

毕业是每一名学前儿童都要经历的一个过程，既承载着幼儿对三年幼儿园生活的美好回忆，更寄托着教师、家长和幼儿本身对幼儿进入人生新阶段的美好期许。毕业是幼儿园课程中具有独特价值和代表意义的节点，是一个宝贵的教育契机，更是幼小衔接工作的重要组成部分。从幼儿发展的意义层面和幼儿园课程的价值层面思考，对于幼儿人生中的第一个“毕业典礼”，应该基于幼儿的立场，基于幼儿发展的价值来策划毕业活动。

因此，幼儿园应邀请家长来园参加毕业亲子活动，一起见证幼儿的成长，共同把握这宝贵的教育契机。制作离园纪念卡让幼儿表达对幼儿园、对老师、对小朋友们的依依惜别之情；参加汇报演出让幼儿感受毕业典礼的温馨气氛，同时成为舞台的主角，在汇报中收获自信与成长，感受好朋友之间的纯真友谊；感恩奉茶让幼儿明白家长的爱与付出，学会感恩；亲子游园让幼儿回忆、收藏自己在园的美好时光；

参观小学激发幼儿对小学生活的好奇与向往之心，为入学作好心理准备。

活动目标

1. 幼儿发展目标：

(1) 憧憬小学生活，对小学生活充满向往。

(2) 知道并理解毕业的含义，感受即将毕业离园，与老师、同伴之间的惜别之情。

(3) 能与爸爸妈妈互相合作，自信、大胆地参与毕业的各项活动，学会感恩父母的养育之情。

2. 家长发展目标：

(1) 学习用多种方式营造温馨的毕业氛围，体会与幼儿合作的乐趣，为幼儿的成长感到自豪与快乐。

(2) 理解幼儿的学习方式，鼓励幼儿与同伴交流，支持幼儿动手操作，关注幼儿在毕业活动中的学习和成长。

活动准备

1. 经验准备：家长提前了解幼儿想知道的关于小学的问题，和幼儿一起排演毕业节目，提前准备《写给孩子的一封信》。

2. 材料准备：

(1) 教师制订和发放《家长活动须知》。

(2) 卡纸、剪刀、画笔、胶水每人一份。

(3) 热茶、杯子、盘子。

(4) 幼儿毕业照和毕业证书每人一份。

(5) 幼儿每人一套表演服装、道具、毕业礼服。

(6) 教师提前到小学录制并剪辑好《弟弟妹妹，我们欢迎你》。

3. 场地准备：

(1) 教师与附近小学联系好参观事宜，作好参观小学的前期准备工作，重点让幼儿看一年级的语文课。

(2) 教师提前布置毕业典礼会场，保证幼儿与家长的活动空间与安全。

活动过程

1. 参观小学，减少对小学的陌生感，为适应小学生活作好心理准备。

(1) 星期一上午 7 点，家长和幼儿在幼儿园操场集合，7:30 由教师和保育老师带领步行前往小学。

(2) 亲子谈话：家长利用途中步行的时间与幼儿进行互动，通过提问让幼儿

知道参观小学的要求以及本次参观需重点了解的与小学生活相关的问题。

（3）家长带领幼儿参观小学，首先看校牌，知道小学的校名。进入校园后依次参观操场、教室、各种功能教室、厕所、食堂等地方，边看边比较小学与幼儿园的不同。以幼儿观察为主，家长介绍为辅，让幼儿在看、听的过程中了解各场所的用途。

（4）8:10观看升旗仪式。

（5）家长带领幼儿来到一年级教室，旁听一年级学生是怎样上课的，并与小学老师及一年级学生交流，让幼儿对小学生该怎样学习有所了解。

（6）幼儿与小学里的老师、哥哥姐姐们告别，安全回园。

（7）教师组织家长引导幼儿讨论并总结此次参观活动，加深幼儿对小学生活及小学生的认识；组织相关的教育教学活动，如谈话活动“我是小学生”、绘画活动“我心中的小学”等。

（家长在参观过程中要提醒幼儿仔细观察，不离开队伍，不能大声说话，不影响小学生的学习。参观时注意用积极正面的语言介绍小学生活，让幼儿知道上小学是一件非常有趣、开心的事情，引发幼儿对小学的向往之情。教师注意孩子与家长的互动程度，让家长积极介绍并与幼儿交流：你在小学里看到了些什么，该怎样做个小学生？）

2. 制作离园纪念卡，表达惜别之情，留下美好回忆。

（1）教师出示离园纪念卡，通过谈话让幼儿知道离园纪念卡是用来干什么的，是怎么做的。

（2）教师出示制作材料，讲解制作离园纪念卡的过程及方法。

（3）教师分发材料。

（4）幼儿与家长一起制作离园纪念卡，教师巡回指导，同时提醒幼儿按要求操作。

（5）展示、交流作品。

（教师通过面对面的示范让家长了解离园纪念卡的做法，同时让家长了解此环节的目的是提高孩子的创造力和动手能力。在制作过程中，教师观察幼儿的专注度以及幼儿与家长之间的互动，适时地帮助家长形成积极的互动模式。家长积极鼓励幼儿与自己交流想法，支持幼儿动手操作，不把自己的想法强加给幼儿，让幼儿在操作中体验成就感。）

3. 参加毕业汇报演出，感受同伴友谊，感恩父母的爱，感受成长的快乐。

（1）家长与幼儿一同观看幼儿成长的视频。

(2) 幼儿集体朗诵《毕业诗》。

(3) 园长寄语。

(4) 请五名家长代表上台读《写给孩子的一封信》。

(5) 幼儿与家长合作表演《我们长大了》。

(6) 师生表演《长亭送别》。

(7) 家长、幼儿观看提前在小学录制的视频《弟弟妹妹,我们欢迎你》。

活动延伸

1. 教师可以向幼儿介绍小学生的作息制度,尤其是早上入校的时间,同时争取家长配合,在大班末期尝试按小学作息时间入园。

2. 教师请小学生哥哥、姐姐向幼儿介绍小学生的课间游戏。

(二) 大班年级形式的亲子活动

我们去春游

价值分析

春天,是万物复苏的季节。大自然中的一切都充满了美好与神秘,嫩绿的新芽、含苞的花朵、蓬勃的生机以及人们迎接春天的那份激动与喜悦,都深深地打动着幼儿。

《指南》中指出,成人要和幼儿一起感受、发现和欣赏自然环境和人文景观中美的事物。我们应经常让幼儿接触大自然,感受和欣赏美丽的景色和好听的声音,与幼儿讨论和交流对美的感受,引导幼儿关注和了解自然、科技产品与人们生活的密切关系,让他们逐渐懂得热爱、尊重、保护自然;不断激发幼儿的好奇心与探究欲望、观察能力和认知能力,教他们运用观察、比较等方法,通过拍照和画图的方式保留和积累有趣的探索与发现。

为此,我们以"相约春天"为主题设计了亲子春游活动,让幼儿和家长一起走进大自然,亲近大自然,拥抱春天,充分感受大自然的多彩绚烂。活动通过观察、欣赏、介绍、讨论,让幼儿开阔眼界,增长见识,锻炼意志,增进友情,同时也让家长认识到,生活、大自然是促进幼儿认知发展的最好的老师。

活动目标

1. 幼儿发展目标:

(1) 走进大自然感受春天,留心观察事物的特征,并能用喜欢的形式大胆地进行艺术表现活动。

(2) 有集体意识，懂得与他人分享，关爱他人。

2. 家长发展目标：

(1) 帮助幼儿丰富生活经验，了解幼儿的想法，满足幼儿的好奇心和学习欲望。

(2) 体验与幼儿一起活动的快乐，有意识地激发幼儿的创作热情，支持幼儿的艺术表现。

活动准备

1. 经验准备：

幼儿有一定的自我保护意识和安全意识，知道出行紧跟家长。

2. 材料准备：

(1) 教师制订和发放《家长活动须知》。

(2) 幼儿自带风筝、线、画画工具；食物（自制点心、水果、零食等）；垃圾袋、防潮垫、纸巾、湿纸巾。

(3) 班级标识、班牌、签到表等。

3. 场地准备：

查看、预订活动场地，确定春游地点。

活动过程

1. 春之发芽篇：寻找春天的气息，欣赏春天的美景。

(1) 家长与幼儿在园内自由参观，认识春天里的花，了解花的种类和特征。

(2) 到达指定地点，教师组织幼儿聊一聊春天，大胆发表自己的想法。

教师：春天来了，会有什么变化呢？春天都有一些什么花？你能用动作把认识的花展现出来吗？你喜欢春天吗？为什么？

请幼儿在集体面前表述，教师视情况回应。

（教师为幼儿创设自由、宽松的语言交流环境，并鼓励幼儿大胆表述，引导幼儿把自己的所见、所闻、所感表现出来。家长应提前做好关于春天的知识准备，深入了解春天的特征，认识当季盛开的花；在与幼儿一起寻找春天的过程中，尽量做到有问必答，不断激发幼儿的兴趣，满足幼儿的学习欲望。）

2. 春之写生篇：感受春天的美好，大胆表现与创造。

(1) 用画画的方式装饰风筝，进行创作。教师播放音乐，家长观察、指导，鼓励幼儿尝试把春天的元素融入创作中，大胆装饰风筝。

(2) 展示作品，放飞风筝。教师引导家长和幼儿在空旷的场地放风筝。

（教师为幼儿创造机会和条件，支持幼儿自发的艺术表现和创造。教师出示风筝时，鼓励幼儿把自己的创作想法表述出来，给予肯定，促进幼儿想象力和创造力的发展，并让幼儿学会表述与倾听。在幼儿创作遇到困难时，家长鼓励幼儿不放弃，学会坚持，不用成人的标准去评价幼儿的作品，尽量不用“像不像、好不好”等词语去描述幼儿的作品，尊重幼儿的创作意图，及时肯定幼儿。）

3. 春之分享篇：和春天野餐，体验分享的乐趣。

(1) 将自带食物放到用餐处，每组家庭分别介绍自己带的食物。

教师：每人都有一份美食，如果把全班的美食合在一起，会怎么样呢？分享是一种快乐，让我们一起分享食物吧！

(2) 分享食物，自助取餐。

（教师应鼓励幼儿把所带食物的完整名称说出来，幼儿根据自己的生活经验进行扩充讲解。教师应激发幼儿从内心深处去感受和体验分享带来的乐趣，让幼儿明白，通过分享不仅能够帮助自己与他人，还能交到好朋友，并让幼儿意识到分享是一种优秀品德；同时引导幼儿关注家长的饮食喜好，主动为家长取餐；提醒各位家长与幼儿将垃圾用垃圾袋装好，增强环保意识，不随意乱丢、乱扔。家长在准备食物时，应让幼儿选择生活中喜欢的食物去和同伴分享，深刻感受分享带来的乐趣，因为幼儿的分享行为是幼儿建立良好的伙伴关系，形成健康的个性的基础。）

4. 春之拾花篇：制作春天的书签，珍藏春天的美好。

(1) 家长与幼儿前往目的地，拾落花、捡树叶。

(2) 教师引发幼儿思考，提问：我们拾的落花和树叶能做什么？

教师：原来落花和树叶可以做成书签、纪念册、标本、创意画等，我们一起来创作，留下春天的味道吧！

(3) 以“花和树叶”为主题，让幼儿回家进行亲子制作，作品形式、内容不限。

(4) 举办以“春天”为主题的作品展，幼儿互相学习与交流。

（教师和家长在幼儿拾落花、捡树叶的过程中，不要轻易固化幼儿的思维，应鼓励幼儿去思考，怎么用它们来保留春天的味道，要给幼儿发挥想象的空间。）

活动延伸

1. 教师可组织相关的集体教学活动，如美术活动“我看到的春天”“春天的野炊”，引导幼儿把对春天的感受及春天的活动用色彩表现出来，再如语言活动“春天的歌”，引导幼儿用语言表达对春天的感受与体会。

2. 美工区可以投放春游活动中捡到的花朵及树叶等，让幼儿继续创作。

科　技　节

价值分析

《指南》科学领域目标表明，幼儿园科学教育的价值取向不再是注重静态知识的传递，而是越来越关注儿童的情感态度和儿童探究、解决问题的能力。好奇心和探究欲是人类开展活动必不可少的主观前提，是探究和学习的原动力、内驱力，不仅能提高认识活动的积极性和效果，还能使认识活动成为快乐的事。幼儿的认识活动更是受到好奇心和探究欲的直接驱使和控制，好奇心和探究欲是使幼儿的认识活动得以维持和获得成功的首要前提。大班年级组科技节活动，让幼儿在快乐轻松的氛围中亲历科学实验，体验科学实验的神奇，引发幼儿对科学现象的兴趣，普及一些科学的基础常识。与此同时，引入家长的参与，既能让家长直观感受和了解幼儿园教育的特点，又能让家长直接成为幼儿学习的支持者、合作者，在环境和操作中理解该阶段幼儿的学习方式，提升亲子交流的质量。

活动目标

1. 幼儿发展目标：

(1) 感受科学实验的神奇，愿意参与科学活动。

(2) 能运用各种感官探索身边的科学现象，在操作中体验实验成功的喜悦。

(2) 和父母一起积极参与查找科学资料、做科学小实验等活动，享受与父母一起探究、一起游戏带来的快乐。

2. 家长发展目标：

(1) 了解和关注幼儿园科学领域教育，并愿意以幼儿园亲子活动为载体，参与到和幼儿的互动中。

(2) 感受与幼儿互动的快乐，积极捕捉与幼儿互动的话题，利用提问、讨论、陪伴等具体方式引导幼儿有效参与科学探究活动。

(3) 在活动中理解幼儿园教育的特点以及幼儿的学习方式。

活动准备

1. 经验准备：

(1) 家长、幼儿、教师知道幼儿园要开展科技节活动。

(2) 幼儿园组织教师进行有关知识的培训。

2. 材料准备：

(1) 教师制订和发放《家长活动须知》。

（2）实验、场地布置等所需要的材料。

3. 场地准备：

多功能厅、大班组活动室、走廊等按活动方案做好清理和布置工作。

活动过程

活动前

1. 幼儿园讨论、制订具体、可行的科技节活动方案，确定活动时间以及活动对象（幼儿园大班组幼儿、家长及幼儿园全体教师）。

2. 幼儿园根据科技节活动方案，落实后勤采购、教师集中学习有关科技知识，确保材料安全、充分，保证教师在科技节中的指导科学、有效。

3. 教师选好科学小实验项目并进行操作论证，确保所选实验的安全性、可操作性。

4. 教师通过环境创设、海报宣传、倡议书、邀请函等形式，在幼儿园开展科技节活动主题宣传，营造浓厚的活动氛围（见附件1、附件2）。

活动中

第一阶段：开展形式多样、内容丰富的科普宣传与教育活动。

1. 各班级以"科技"为主题，开展科技节系列活动。

（1）班级老师每周带幼儿做两个科学小实验，如会变的颜色、降落伞、好玩的水、青蛙跳跳跳、摩擦起电等（见附件3），引导幼儿发现身边的科学现象，激发幼儿的探究欲。

（实验材料在集体活动结束后，投放到班级区域中，供幼儿继续操作、摆弄。前一阶段，以投放平行材料为主，因此需要注意材料的投放量是否足够；当幼儿掌握了一定的实验方法后，教师应关注实验材料的层次性、发展性，投放相同原理不同载体的材料，或利于某一个实验深入探究的材料。）

（2）家庭亲子作业：亲子科技小制作。鼓励家长与幼儿一起查找资料、收集材料，动手制作一件科技作品，并将名称、材料、制作故事等记录下来。

（教师可以利用班级QQ群、微信群等引导、鼓励家长和幼儿一起参与到科技小制作中来，并通过建议、示范等方式给予家长支持；同时可以合理利用家长资源，邀请从事物理、化学、科学等学科教学的家长或专门的科研人员、工匠等，指导班级的科技小制作。）

2. 幼儿园以"我们爱科学"为主题，开展园所环境创设活动。

（1）展板宣传，普及幼儿园科学领域的基础知识，营造良好的氛围，激发幼

儿和家长参与活动的兴趣(见附件4)。

(幼儿园可以布置“身边的科学”“科学小知识”“《指南》科学领域解读”等板块。)

(2) 过程性成果展,呈现阶段性成果,使幼儿和家长获得参与的成就感(见附件5)。

(幼儿园可利用走廊、门厅等场地,布置“亲子科技小制作成品展”“幼儿科学幻想绘画展”“班级科学实验展”等过程性成果展。)

3. 大班年级组以“走进科学”为主题,开展征集科学小实验、科学绘本等活动(见附件6)。

(1) 面向家长、教师征集适宜现场操作表演的科学小实验。

(2) 开展“科学绘本大搜索”,发动幼儿和家长一起寻找科普类绘本,增进幼儿对科普图书的兴趣。

(幼儿园在阅读区投放适量的科普类绘本,并鼓励幼儿将阅读区内自己感兴趣的绘本介绍给大家。)

(3) 精选科幻动画电影,组织幼儿欣赏,如《飞屋环游记》等。

(建议教师和家长将电影分成几次和幼儿共同欣赏,避免影片过长造成视觉疲劳。)

第二阶段:开展科技节游园会活动,集中展示、操作科学小制作、小实验,让幼儿感受科学现象的神奇和有趣。

1. 科技节“玩转科学亲子游园会”开幕式(见附件7、附件8)。

(1) 大班年级组所有家长和孩子在幼儿园多功能厅集中。

(2) 主持人宣布活动开始。

(提前将科技节的日程向家长和幼儿公布,使家长有充分的时间作准备,让幼儿享受有质量的亲子时光。)

科技节开幕式节目		
序　号	节 目 名 称	表 演 嘉 宾
1	开场舞:亲子韵律操	部分大班幼儿及家长
2	舞蹈:我是科学小飞侠	部分大班幼儿
3	幼儿代表发言	大班幼儿
4	科学小实验:会吃鸡蛋的瓶子	家长

（续表）

序　号	节 目 名 称	表 演 嘉 宾
5	科学小实验：魔法绘画	教师
6	科学小实验：三口之家	家长、幼儿
7	科学小实验：大象的牙膏	家长
8	科学小实验：雪花飘飘	教师
9	科学小实验：多彩的泡泡	教师

2. 科技节"玩转科学亲子游园会"。

(1) 主持人介绍游园会要求、规则和注意事项，宣布游园会开始。

（幼儿园提前布置各活动场地，每一个场地安排两位教师负责该场地内活动的组织和指导，重点提示家长鼓励幼儿动手操作、体验各项实验。）

(2) 游园会项目设置(见附件9)。

玩转科学亲子游园会		
序　号	实 验 名 称	场　　地
1	彩虹牛奶	大一班活动室
2	影子的游戏	多功能厅
3	磁场魔力	大二班活动室
4	电珠通电	大二班寝室
5	神奇的小棒	大二班阳台
6	笼中鸟	大三班活动室
7	多彩的泡泡	运动场
8	悬浮鸡蛋	大三班阳台

(3) 活动结束

活动后

1. 教师收集幼儿和家长参与活动的感想，利用话题搭建亲子交流平台。

（幼儿和家长共同回忆此次科技节最喜欢的实验、印象最深刻的体验等，并由家长或幼儿用自己的方式将之记录下来，交流分享。）

2. 教师收集整理科技节期间的各项资料(文字、图片、视频等)，活动结束后编辑、完善科技节专刊内容。

活动延伸

1. 教师组织春游活动“参观科技馆”。

2. 家长可以引导幼儿一起探寻生活中有趣的事物和现象。

附件1：倡议书

新苗幼教中心
Xin Miao You Jiao Zhong Xin

“体验成长快乐 放飞科学梦想”
首届科技节活动倡议书

亲爱的小朋友、家长朋友、老师们：

为了激发幼儿爱科学、探索科学的兴趣，丰富幼儿园的科技活动，营造学科学的氛围，引导孩子、家长、老师关注幼儿园科学教育，新苗金源幼儿园大班组将开展首届科技节活动。

活动主题：“体验成长快乐 放飞科学梦想”

活动口号：我参与、我体验、我探索、我快乐

活动时间：2015年12月8日—2016年1月14日

活动对象：幼儿园大班组师生及家长

在这里，我们倡议小朋友、家长朋友和老师们积极参与到幼儿园科技节活动中来，并提出几点小小的倡议：

1. 做科学知识、科学方法的传播者。

2. 多动手，多动脑，积极投入到“玩转科学游园会”“亲子科技小制作”“科学实验大比拼”“画一幅科学幻想画”“观一部科幻电影”“读一本科普类图书”的活动中，并把自己所学的知识应用进去。

3. 激发自己的科技兴趣，启迪自己的创造意识和想象力。

4. 做生活的有心人，用科学的方法学习生活。

亲爱的家长朋友们、小朋友们，让我们携起手来，走进科学，感受科学，一起发挥想象，动手动脑，见证大家的奇思妙想！

最好玩的科技节，赶快来参加吧！

新苗金源幼儿园
2015年12月

附件 2：邀请函

“体验成长快乐 放飞科学梦想”

——新苗金源幼儿园第一届科技节开始啦！

尊敬的家长：

您好！

为了让孩子们亲近科学、喜欢科学、发现身边的科学现象、丰富科学知识，在操作中体验成功和愉快，新苗金源幼儿园将开展以“体验成长快乐 放飞科学梦想”为主题的科技节活动，届时，诚挚邀请您和您的宝贝一起来参加我们的科技节开幕式暨玩转科学游园会活动。

活动时间：2016年1月14日上午9:30

活动地点：新苗金源幼儿园

活动对象：新苗金源幼儿园大班组幼儿、家长及幼儿园全体教师

科技节开幕式及游园活动安排

日期	时间	内容
2016年1月14日	上午 9：30~10：00	科技节开幕式 1．开场亲子韵律操　2．主持人上场，宣布活动开始 3．幼儿舞蹈《我是科学小飞侠》　4．园长讲话、幼儿代表发言 5．科学小实验表演 (1) 会吃鸡蛋的瓶子（家长）　(2) 魔法绘画（教师） (3) 三口之家（家长、幼儿）　(4) 大象的牙膏（家长） (5) 雪花飘飘（教师）　(6) 多彩的泡泡（教师） (7) 开幕式结束，宣布游园会开始及游园要求
	上午 10:00~10:50	玩转科学游园会 1．彩虹牛奶　2．影子的游戏 3．磁场魔力　4．电珠通电 5．神奇的小棒　6．笼中鸟 7．多彩的泡泡　8．悬浮鸡蛋

让我们一起畅游科学世界，在科技节的舞台上展现创造力和想象力吧！

新苗金源幼儿园大班组

2016年1月12日

附件 3：科学小实验

降落伞

离心力

摩擦起电

气球摩擦

附件 4：展板宣传

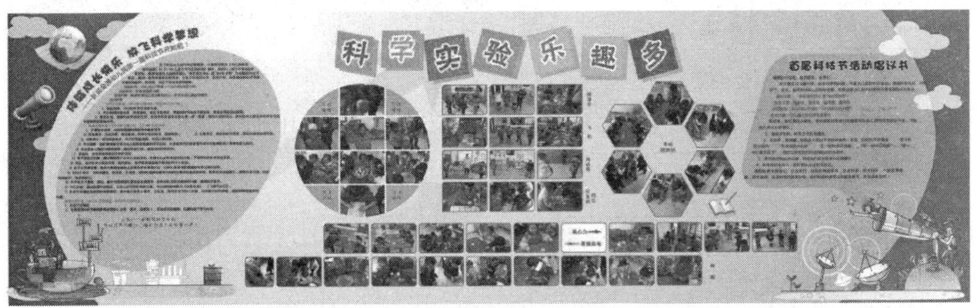
科学实验乐趣多

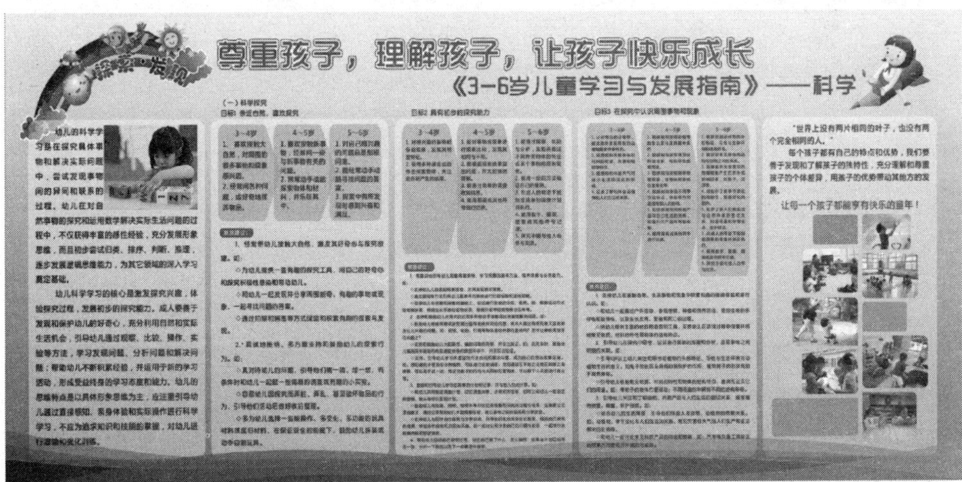
尊重孩子，理解孩子，让孩子快乐成长
《3–6岁儿童学习与发展指南》——科学
让每一个孩子都能享有快乐的童年！

在我们的身边有很多容易被忽略的现象，倘若我们睁大眼睛，你就会发现很多好玩有趣的科学小知识。为什么马儿站着睡觉？为什么树叶会变颜色？为什么鸵鸟不会飞？为什么天空会出现彩虹……现在，让我们一起走进科学知识小天地吧！
身边的科学小知识
动物篇
为什么鸵鸟不会飞？
植物篇
为什么有落叶？
自然篇
为什么天空会出现彩虹？
月球为什么会有阴晴圆缺？
生活篇
飞机在天空中会抛锚吗？
汽车轮胎上为什么要有花纹？

附件 5：亲子科技小制作成品展

附件 6：科学绘本大搜索

附件 7：科技节系列活动

附件 8：幼儿代表发言稿

亲爱的爸爸妈妈、老师们、小朋友们：

大家上午好！

今天，我们迎来了幼儿园第一届科技节活动。在这充满幻想的科技节里，我们和爸爸妈妈一起做科学小实验，一起阅读科学知识图画书，一起观看科幻电影，在科技节的舞台上展现不一样的自己，让科学的种子在我们幼小的心田生根、发芽、开花。

我们是祖国的未来，我们生活在知识的海洋中，科学伴随着我们成长。让我们从小开始，从现在开始，树立学科学、爱科学、用科学的志向，和爸爸妈妈一起发现身边的科学，丰富科学知识，在游戏和实验操作中体验成功的喜悦和快乐！

谢谢大家！

附件 9："玩转科学亲子游园会"项目

1. 彩虹牛奶

实验材料：牛奶、透明碗、颜料、洗洁精、棉签。

实验原理：牛奶中的脂肪不溶于水，而颜料易溶于水、难溶于脂肪，在牛奶表面液体张力的作用下，颜料将漂浮在最上层。洗洁精滴入牛奶后，会破坏牛奶表层的张力，进而使得液体内部发生变化形成彩虹牛奶。

操作步骤：将牛奶倒入透明碗中，挤一点颜料滴入牛奶的中央，每种颜色各滴一点；再用蘸有洗洁精的棉签接触牛奶的中央(颜料堆积处)，然后仔细观察。

2. 影子的游戏

实验材料：皮影人偶、白布、手电筒。

实验原理：光是沿直线传播的，当我们在幕布后面用皮影人偶挡住幕布后，在幕布前就出现了暗斑，就形成"皮影"。

操作步骤：先将手电筒的光照射在白布上，然后将皮影从光源处贴近白布，仔细观察白布的变化。

实验步骤：将等量的碳酸氢钠粉末和柠檬酸粉末放于火山模型内，并搅拌混合，取少量清水缓慢加入。观察发生的现象。

3. 磁场魔力

实验材料：磁铁、磁力车、回形针、轮船模型。

实验原理：每块磁铁对面的两边都有着不同的磁性，分别为N极和S极，同极如果接近就会推开，不同极靠近就会紧紧地吸在一起。

实验步骤：

(1) 让幼儿玩玩各种大小、形状不同的磁铁，发现磁铁同极相斥、异极相吸的现象。

(2) 磁铁游戏(磁力车比赛、会跳舞的回形针、轮船航行等)。

4. 电珠通电

实验材料：导线、电池、小电珠、开关。

实验原理：小电珠上有两极，分别在电珠的丝口上和底部，只有这两个极同时通电，电珠才能亮，如果只有其中一个极通电，电珠就不会亮。

实验步骤：用导线把电池、小电珠、开关等连接起来，组成一个闭合的环路，通过开关控制电珠的明灭。

5. 神奇的小棒

实验材料：塑料棒、盘子、纸片。

实验原理：小棒是塑料做的，它与我们的头发(或毛衣、绸布)摩一摩，擦一擦，就叫"摩擦"，摩擦之后，小棒上就带有了静电，这种现象就叫摩擦起电。

操作步骤：将小棒一端在头发、衣服或绸布上进行摩擦，然后将摩擦处靠近盘子里的纸片。仔细观察发生了什么。

6. 笼中鸟

实验材料：扇子。

实验原理：人眼在观察景物时，光信号传入大脑神经，需经过短暂的时间，光的作用结束后，视觉形象并不会马上消失，这种视觉现象被称为“视觉暂留”。

操作步骤：将蒲扇置于两掌之间快速搓动，仔细观察。

7. 多彩的泡泡

实验材料：泡泡水、泡泡圈。

实验原理：泡泡是由于水的表面张力而形成的。通常水分子间的相互吸引力比水分子与空气之间的吸引力强，这些水分子就像被黏在一起一样，但如果水分子之间过度黏合在一起，泡泡就不易形成了，泡泡水浓缩液把水的表面张力降低到只有通常状况下的1/3，这正是吹泡泡所需的最佳张力。

操作步骤：用不同大小、形状的泡泡圈自由吹泡泡玩。

8. 悬浮鸡蛋

实验材料：生鸡蛋、瓶子、食盐、搅拌棍。

实验原理：随着在水中加入的食盐不断增多，盐水混合物的密度不断增大，而鸡蛋的密度不变，当盐水混合物的密度小于鸡蛋密度时，鸡蛋下沉；当两者相等时，鸡蛋悬浮；当盐水混合物的密度大于鸡蛋密度时，鸡蛋漂浮起来。

实验步骤：水平桌面上放置一个装满清水的瓶子，轻轻放入一个生鸡蛋，鸡蛋沉至容器底部后，不断向瓶中加入食盐并搅拌至溶解，直到鸡蛋恰好悬浮起来为止。

二、结合社会文化开展的大班亲子活动

(一) 大班班级形式的亲子活动

爱驻重阳　童心敬老

价值分析

5—6岁幼儿社会性有了一定发展，对于中国传统节日已有初步的经验。《指南》在论及5—6岁幼儿的典型表现时，对幼儿提出“能有礼貌地与人交往”，“能关注别人的情绪和需要，并给予力所能及的帮助”，“知道自己的民族”等合理期望，并相应地对成人提出“引导幼儿尊重、关心长辈和身边的人，利用生活机会

和角色游戏，帮助幼儿了解与自己关系密切的社会服务机构及其工作"，"礼貌地对待老年人，如坐车时主动为老人让座"，"遵守社会行为规则，为幼儿树立良好榜样，如尊老爱幼"等教育建议。"爱驻重阳，童心敬老"这一班级亲子活动，即是根据上述《指南》精神所设计的，旨在让幼儿和家长在共度节日的过程中，共同遵守公共场所的行为规则，关爱身边的老人，弘扬中华民族尊老爱幼的优良传统，并增进亲子感情。

活动目标

1. 幼儿发展目标：

(1) 萌发对老人的尊重和关爱之情，体验敬老爱老的美好情感。

(2) 能有礼貌地对待老人，并用自己的方式表达对老人的尊敬和关爱之情。

(3) 知道重阳节是中国的传统节日，初步了解节日习俗。

2. 家长发展目标：

(1) 积极参与敬老爱老的亲子活动，弘扬中华民族传统美德。

(2) 能身体力行地做好尊老、敬老的榜样示范，鼓励并支持幼儿用自己喜欢的方式为爷爷奶奶献爱心。

(3) 重视幼儿的情感培养，增进亲子感情，加强家庭归属感。

活动准备

1. 经验准备：

(1) 幼儿知道重阳节是老人们的节日。

(2) 教师和敬老院工作人员取得联系，沟通活动目的、内容、程序；请敬老院讲故事的爷爷奶奶提前做好准备。

2. 材料准备：

(1) 教师制订和发放《家长活动须知》。

(2) 扭扭棒、水彩笔、不同颜色和材质的纸等手工制作材料；鼓和花，饺子皮、饺子馅等美食制作材料；背景音乐《喜洋洋》及节目音乐。

3. 场地准备：

教师提前和敬老院工作人员联系好场地，选择安全、宽敞的区域进行活动。

活动过程

1. 听故事，了解爷爷奶奶的生活经历，培养安静、专注的倾听习惯。

教师：今天敬老院的爷爷奶奶给大家讲讲他们童年的故事。仔细听，跟我们现在的生活有什么不一样？

（家长关注幼儿倾听爷爷奶奶生活经历后的反应。幼儿安静、认真地倾听故事，感知不同年代人们生活的差异。）

2. 表演节目，体验给爷爷奶奶带来快乐的成就感。

（家长积极参与节目表演，当幼儿表演完后，以赞赏的目光和热情的掌声给予鼓励。幼儿大胆表演，体验通过努力给爷爷奶奶带来快乐的成就感，建立自信心。）

节　目　单

序　号	节目名称	表演者
1	亲子开场舞：《向快乐出发》	幼儿和家长
2	歌曲串烧：《买菜》《我是好幼儿》《打靶归来》	全体幼儿
3	诗歌朗诵：《献给敬爱的爷爷奶奶》	全体幼儿
4	舞蹈串烧： 男孩集体舞——军体拳《功夫小子》 女孩集体舞——《轻轻地告诉你》	全体幼儿
5	三句半：《我长大了》	部分幼儿
6	、亲子舞蹈：《妈妈宝贝》	幼儿和家长

3. 献爱心，表达对爷爷奶奶的关爱之情。

教师：爷爷奶奶年纪大了，你们想用什么样的方式来表达对爷爷奶奶的关爱之情呢？

每个家庭以独有的方式献爱心，用实际行动表达对爷爷奶奶的关爱。

（家长鼓励并赞赏幼儿积极表达自己的想法，并用自己喜欢的方式为爷爷奶奶献爱心，如捶捶背、捏捏腿等，同时引导幼儿用温和、有爱的动作及语言表达对爷爷奶奶的关爱之情。）

4. 玩游戏《击鼓传花》，体验亲子、老少互动的乐趣。

游戏玩法：家长、幼儿和爷爷奶奶围坐成圆圈，一人蒙住眼睛在圈内击鼓，圈上的人按顺时针方向传花，当鼓声停时，花在谁手上，谁就站出来表演一个节目。表演完，从表演者开始游戏继续。

（家长积极参与游戏表演环节，为幼儿做示范，鼓励幼儿积极与老人进行互动游戏，注意文明礼貌，当爷爷奶奶表演节目时，能主动给予热烈的掌声。）

5. 包饺子，家长和幼儿共同为爷爷奶奶服务，获得帮助他人的愉快体验。

家长、幼儿、老人共同包饺子、品尝饺子，体验浓浓的温情。

（家长示范并讲解包饺子的方法，与幼儿分工合作。幼儿积极参与，注意文明礼貌，与爷爷奶奶主动交流沟通。）

活动延伸

1. 家长引导幼儿在家里多和身边的老人接触、交谈，了解老人的兴趣、爱好和生活经历，增进和老人之间的情感交流。

2. 家长鼓励幼儿帮助身边的老人做力所能及的事，尝试用多种方式表达对老人的关爱之情。

3. 有条件的家庭可结成小组，联系敬老院进行定期的慰问活动。

参观消防队

价值分析

5—6 的幼儿非常喜欢消防车，对于消防员叔叔的工作也感到无比的好奇。《指南》在论及 5—6 岁幼儿的典型表现时，对幼儿提出“知道一些基本的防灾安全知识”，“能自觉遵守基本安全规则”，“尊重为大家提供服务的人，珍惜他们的劳动成果”等合理期望，并对成人提出“帮助幼儿了解周围环境中不安全的事物，(教幼儿)不做危险的事”，“教给幼儿简单的自救和求救的方法”，“帮助幼儿了解与自己关系密切的社会服务机构及其工作，体会这些机构给大家提供的服务”等教育建议。“参观消防队”这一班级亲子活动，即是根据上述《指南》精神所设计的，旨在通过亲子社会实践活动，帮助家长和幼儿了解消防安全知识教育，掌握逃生自救的方法，并了解消防员的工作职责，对他们产生感激之情。

活动目标

1. 幼儿发展目标：

(1) 感受和体会消防员叔叔的辛苦，萌发对消防员叔叔的敬佩之情。

(2) 了解火灾逃生、自救的基本方法，增强防火意识，提高安全自护能力。

(3) 了解消防员的工作职责及其与人们生活的关系。

2. 家长发展目标：

(1) 积极参加亲子体验活动，感受亲子学习的快乐，体会消防员工作的重要性。

(2) 关注幼儿意志品质的培养，有意识地锻炼幼儿不怕吃苦、坚毅果敢的品格。

(3) 丰富幼儿对消防安全知识的认知，提高幼儿对火灾逃生自救等方法的掌握及运用能力。

活动准备

1. 经验准备：

幼儿对消防员叔叔的工作内容和职责已有初步了解，对消防安全知识也有粗浅的了解。

2. 材料准备：

(1) 教师制订和发放《家长活动须知》。

(2) 幼儿每人自制贺卡一张。

(3) 背景音乐《旗语兵》。

3. 场地准备：

教师事先联系好消防队，沟通好活动程序。

活动过程

1. "消防队里有什么"：了解消防队的环境和设施。

集体参观消防队，感受消防队整洁有序的环境。

教师：你们看到了什么？每座房子分别是用来做什么的？有什么感觉？

集体参观宿舍、寝室内务卫生，了解消防员叔叔的生活环境。

教师：消防员叔叔生活的地方有些什么？与我们家里有什么不一样？东西整理得怎么样？

集体参观消防车，了解消防车的构造。

教师：消防车有什么特点？上面有哪些设备？分别有什么作用？

（家长鼓励幼儿大胆向消防员叔叔提出自己的问题，积累消防安全知识，同时关注幼儿的参与度，引导他们认真、仔细地参观消防队的环境和设施设备，及时提出疑问寻找答案。）

2. "英勇的消防员叔叔"：观看消防演习，了解消防员叔叔的灭火方法，感受消防员叔叔工作的不易。

教师：消防员叔叔在干什么？他们是怎么做的？他们是如何穿戴消防服、拉水袋、爬高楼、使用灭火器和灭火的？

（家长引导幼儿认真观看演习活动，用简洁的语言说出消防员灭火的过程，并摹仿一下消防员叔叔的英姿。幼儿仔细观看，把自己的想法及时与家长交流。）

3. "预防火灾安全课堂"：具体了解防火、自救的小知识，提高安全自护能力。

教师：火灾真可怕，怎样才能避免火灾的发生？万一发生火灾应该怎么自救？请消防员叔叔来给我们讲一讲吧！

（家长引导幼儿认真倾听，有需要可重点强调防火事项。幼儿仔细倾听，有不明白的地方可主动向消防员叔叔提问；对消防员叔叔的辛苦付出表示感谢。）

4. “发生火灾怎么办”：巩固防火、自护的安全常识。

（1）穿消防服比赛：体验消防员叔叔的辛苦。

玩法：幼儿将消防服依次运送给家长，家长用正确的顺序穿戴好消防服，最先穿戴完成者获胜。

（2）火灾逃生比赛：正确运用火灾逃生和自救的基本方法。

（家长指导幼儿再次了解消防服的正确穿戴顺序，引导幼儿积累和运用火灾逃生和自救的基本方法。）

5. 亲子舞蹈《旗语兵》：表达对消防员叔叔的感激和敬佩之情。

教师：消防员叔叔为了保卫我们的安全，每天都在辛苦地训练，火灾发生时总是第一个冲上去，不怕辛苦、不怕牺牲，我们应该怎样表达对他们的感激之情呢？

（1）班级全体幼儿及家长共同表演舞蹈《旗语兵》。

（2）幼儿给消防员送贺卡。

（家长鼓励幼儿用自己喜欢的方式表达对消防员叔叔的感激之情，如亲手制作贺卡等。）

活动延伸

1. 园所、家庭经常性地进行消防演习活动，帮助幼儿更好地掌握火灾逃生和自救的基本方法。

2. 家长配合园所，鼓励幼儿在家绘制一张防火宣传画，用自己的想法进行防火宣传。

3. 帮助幼儿了解周围生活环境中不安全的事物，增强安全防范意识。

有趣的扎染

价值分析

随着审美能力不断提高，5—6 岁的幼儿已能感受和欣赏中国民间艺术的美和趣。《指南》在论及 5—6 岁幼儿的典型表现时，对幼儿提出“乐于收集美的物品或向别人介绍所发现的美的事物”，“愿意和别人分享、交流自己喜爱的艺术作品和美感体验”，“能用多种工具、材料或不同的表现手法表达自己的感受和想

象”等合理期望，并相应地对成人提出“和幼儿一起发现美的事物的特征，感受和欣赏美”，“引导幼儿用自己的语言、动作等描述它们美的方面，如颜色、形状、形态等”，“带幼儿观看或共同参与传统民间艺术和地方民俗文化的活动”，“提供丰富的便于幼儿取放的材料、工具或物品，支持幼儿进行手工等艺术活动”，“经常和幼儿一起制作，共同分享艺术活动的乐趣”，“鼓励幼儿用自己的作品或艺术品布置环境”，“肯定幼儿作品的优点，用表达自己感受的方式引导其提高”等教育建议。“有趣的扎染”这一班级亲子活动，即是根据上述《指南》精神所设计的，旨在让幼儿和家长共同观察扎染服饰、了解扎染艺术，感知扎染艺术的美，并学习扎染的方法，体验扎染的乐趣和成功感。

活动目标

1. 幼儿发展目标：

(1) 感受扎染工艺的美，喜欢扎染活动，体验与家长合作完成扎染作品的喜悦。

(2) 大胆创作，将不同形状的布料扎染成不同的作品，表现不同的色彩美和图案美。

(3) 与家长共同学习简单的扎染方法，感知颜料水在废旧布料上的渗透效果。

2. 家长发展目标：

(1) 积极主动参加扎染的亲子活动，感受艺术活动对幼儿创造力、审美能力的发展价值。

(2) 尊重幼儿的个体差异，理解并接受幼儿的艺术表现，欣赏幼儿独特的创意。

(3) 掌握扎染的步骤与要求并有效指导幼儿，亲子合作，大胆表现扎染艺术的美。

活动准备

1. 经验准备：

幼儿事先有扎橡皮筋的经验。

2. 材料准备：

(1) 教师制订和发放《家长活动须知》。

(2) 各色颜料、小塑料桶、橡皮筋、废旧布料若干；扎好的布、染好的布；扎染步骤图。

(3) 家长准备一些扎染服饰，穿戴来园。

3. 场地准备：

宽敞的活动室。

活动过程

1. 观赏“扎染秀”，感受扎染艺术晕色丰富、变化自然的美。

教师：爸爸妈妈这些服装、饰品跟我们平时看到的服装、饰品有什么不一样？色彩和图案有什么特点？

（家长展示扎染服饰秀，选用的服饰注意多样性，如帽子、衣服、裤子、裙子、挎包等。教师引导幼儿观察扎染服饰与其他服饰的不同，重点关注扎染服饰的色彩、图案，感受扎染的独特魅力。）

2. 猜测与观察，共同学习扎染的方法。

(1) 亲子讨论、交流：“猜一猜是哪块布”，初步感知“扎法不同、染出的图案就不同”的特点。

教师：我这里有三块扎好的布，你们猜一猜它们染好后是哪一种图案？

教师展示已经染好的三块布，同时拿出三块扎好的布，请大家猜测哪一块扎好的布与哪一块染好的布是相对应的？

（家长重点引导幼儿仔细观察扎好的布是什么形状，尝试与染好的布进行比对，提醒幼儿观察扎好的布的形状，联想染好的布的图案。）

(2) 观看讲解、示范：“看一看怎样做”，学习扎染的方法。

教师：你们看看这些花是怎样扎出来、染出来的？

扎染的方法：第一步，布——准备一块白布平摊在桌上；第二步，扎——用搓皱、折叠、翻卷、挤揪等方法，把白布扎成一定形状，然后用橡皮筋缠扎起来，让布料变成一串串“疙瘩”；第三步，染——将扎好“疙瘩”的布料染上颜料；第四步，拆——将橡皮筋拆除，将“疙瘩”挑开，被橡皮筋扎缠的部分未染上颜料，呈现出白色，形成不同的“印花”；第五步，干——让染好的布自然晾干。

3. 制作与表现，亲子体验扎染的乐趣。

教师：你想做出什么图案和颜色的扎染作品？

教师提供各种各样的废布，大家自主选择不同材料，亲子合作表现不同的扎染作品。

（家长指导幼儿按照步骤有序操作，在幼儿操作过程中不要把自己的想法强加给幼儿，要及时肯定幼儿的正确操作，在幼儿遇到困难时予以适当的帮助。教师鼓励幼儿与同伴、家长相互学习、交流经验，让较快完成作品的幼儿尝试不同捆扎方法，努力扎染出不同图案的作品。）

4. 展示与欣赏扎染作品，体验用创作的作品装饰活动室的成就感。

教师将幼儿和家长共同完成的作品嵌入背景格子墙，装饰活动室。

（家长接受幼儿的个体差异，肯定幼儿个性化的创作与表现，培养幼儿的自信心。教师引导先做完的幼儿把自己的作品介绍给其他小朋友和家长，重点介绍自己用了什么扎染方法，染出来变成了什么图案等。）

活动延伸

1. 家长提供场地和材料，鼓励幼儿在家利用废旧衣服、手帕等材料进行扎染。

2. 家长还可以创造更多机会，让幼儿接触更丰富、多元的民间艺术，欣赏各种民间艺术的美；提供各种材料，满足幼儿创造美的需求。

湘莲印象

价值分析

“湘莲”，泛指湖南莲子。湘莲又以湖南省湘潭县产的莲子最为著名，最具特色。《指南》强调要“激发幼儿爱家乡、爱祖国的情感”，本活动围绕湘潭特产湘莲来开展，通过活动，不仅让幼儿知道自己的家乡盛产湘莲，还能让幼儿了解当地民俗风情，感受莲乡文化，激发幼儿作为湘潭人的自豪感。

活动目标

1. 幼儿发展目标：

(1) 初步了解莲乡文化，以听、看、尝、画等多种形式来感受莲乡文化的魅力，为自己是湘潭人感到自豪。

(2) 愿意在集体面前说话，体验语言交往的乐趣，并感受同伴分工合作的重要性。

2. 家长发展目标：

(1) 引导幼儿了解家乡特产及文化，激发幼儿对家乡的热爱。

(2) 了解幼儿的学习特点和方式，尝试引导幼儿进行探索性学习。

(3) 体验与幼儿共同游戏的快乐，增进亲子感情。

活动准备

1. 经验准备：

(1) 家长带幼儿搜集各种有关莲子的食品，品尝其味道，了解食用莲子的好处，并在家制作一道以“莲”为主题的食物带来幼儿园。

(2) 家长对湘莲及莲乡文化有一定的了解。

2. 材料准备：

(1) 教师制订和发放《家长活动须知》。

(2) 用莲子制作的各种食物;展板、宣传片、有关莲子的传说;美术工具。

3. 场地准备:

教师联系莲花的种植场地、协商游玩及采摘事宜。

活动过程

1. "舌尖上的莲子":品尝用莲子制作的各种食品,产生对莲子的喜爱之情。

(1) 幼儿共同分享带来的莲子食品。

(2) 幼儿分享、交流品尝莲子及莲子食品的感觉及味道。

(家长在幼儿品尝莲子食品时,引导幼儿感知其美味,营造愉悦的氛围;同时要简单介绍食品是用莲的哪一部分制成的,并让幼儿知道湘潭盛产莲子,有莲城之称。)

2. 走近湘莲:参观莲花种植地,感受莲花的美的同时,观察认识莲花、莲子、莲藕及其之间的关系。

(1) 教师引导幼儿观察莲花并了解莲花的主要特征,如莲花由花、花茎、莲叶和莲藕几部分组成,以及各部分的形状、颜色等,让幼儿知道莲藕是莲的根茎,长在淤泥里。

(2) 采摘莲子,品尝新鲜莲子。

(3) 亲子游戏:运莲子、剥莲子、夹莲子。

运莲子:幼儿将规定数量的莲蓬放在筐里;父母双手交叠搭"轿子",幼儿坐在父母双手搭成的"轿子"上,将装莲蓬的筐成功运至终点,用时最少者胜。

剥莲子、夹莲子:幼儿动手剥莲蓬,家长用长筷将幼儿剥好的莲子夹到另一个容器中。(边剥莲蓬边念儿歌:湖水绿,荷花红,花儿谢了结莲蓬,好似浴室莲蓬头,用它沐浴可不成,里面睡着莲子娃,白白胖胖像花生。)

(在参观欣赏时,家长引导幼儿观察莲花、莲叶、莲藕及莲子的特征,并介绍它们间的关系,鼓励幼儿表达自己的想法;在游戏时,要与幼儿一起商量策略,支持幼儿独立思考。)

3. 表现湘莲:通过不同的方式进行创作,表现对莲花、莲叶、莲藕、莲子的认识与感受。

(1) 家长与幼儿共同制作"莲"的主题画或手工作品。

(2) 将作品展示在展板上分享交流。

(3) 分享各自在家里制作的以"莲"为主题的食物。

（家长引导幼儿回顾自己所观察到的莲花、莲叶、莲藕、莲子的特征，鼓励他们大胆创作表现。在品尝食物时，家长要介绍食品制作过程，让幼儿感受食物的来之不易，知道不浪费食物，懂得珍惜。）

4. 文化熏染：初步了解莲乡文化，激发爱乡之情。

(1) 集体观看莲乡宣传片，初步了解莲乡文化。

(2) 教师讲述莲乡的故事或传说，让幼儿感知、体会莲乡文化。

（家长带领幼儿认真观看并适当解说，帮助幼儿理解其中的文化内涵，激发其对家乡的热爱。）

活动延伸

1. 教师开设一个展区，展示莲花、莲叶、莲藕、莲子的图片和实物，以及相关的莲子食品及故事传说等。

2. 教师在美工区投放莲叶、莲藕、莲子、莲蓬等图片和实物供幼儿进一步进行艺术创作。

(二) 大班年级形式的亲子活动

四省风情街

价值分析

中国是一个有着五千年悠久历史的文明古国，中华民族传统文化源远流长，博大精深。《指南》中提出“适当向幼儿介绍我国各民族和世界其他国家、民族的文化，帮助幼儿感知文化的多样性和差异性”。传统民俗文化来源于生活，与幼儿的现实生活紧密相连，教师应引领幼儿感受祖国多元文化的风俗民情，传承民俗文化，塑造民族品格。

“四省风情街”是年级组亲子活动，其旨在通过模仿真实的情境让幼儿和家长感受和体验湖南、广东、浙江、江西四省的民俗特色。通过这样的活动不仅能让幼儿了解我国不同地区的文化特色，提升幼儿感受美、发现美、创造美和表现美的能力，同时也能培养幼儿的民族自豪感，并有助于家长对“生活即教育”有直观的感受，能在以后外出旅游时适时对幼儿进行恰当的教育，让幼儿真正理解旅行的价值及意义。

活动目标

1. 幼儿发展目标：

(1) 通过体验式的活动了解四省的风俗习惯、文化艺术，丰富社会经验，提

升动手能力、交往能力，增强表现欲望。

(2) 萌发对我国民俗文化的探索兴趣。

(3) 感知民俗文化的多样性和差异性，懂得相互尊重，友好相处。

2. 家长发展目标：

(1) 理解幼儿的学习方式，关注幼儿在游戏中的学习和成长，用积极的方式引导幼儿探索事物。

(2) 共同体验与感受四省的民俗风情，了解幼儿的学习特点，激发幼儿的探索欲。

(3) 体验与幼儿共同游戏的乐趣，促进亲子间的合作与交流，增进亲子之间的感情。

活动准备

1. 经验准备：

(1) 幼儿去过一些城市旅游，能说出看到和感受到的城市特色。

(2) 教师活动前召开大班组家长座谈会，说明活动目标、意义及家长配合事项，并讨论人员分工。

2. 材料准备：

(1) 四省名称牌一套、四省民俗特色介绍展板各一块；活动记录表幼儿每人一张。

(2) 湖南街：舞台两个、观众椅 60 张、桌椅 6 套；皮影操作材料若干，花鼓戏戏服、道具若干；湖南特色背景音乐；明信片若干、纪念品若干。

(3) 广东街：两家"茶楼"、制作糕点所需要的材料工具若干、餐桌餐具若干；茶道器具一套、各类茶叶若干；广东特色背景音乐；明信片若干、纪念品若干。

(4) 浙江街：五个"店面"、生活用品若干、精品首饰若干、服装若干、玩具若干；一个"加工厂"、饰品零件若干、加工所需要的工具若干、桌椅 8 套；浙江特色背景音乐；明信片若干、纪念品若干。

(5) 江西街：各类陶艺成品若干；桌椅 10 套、陶泥若干、工具每桌 6 套；江西特色背景音乐；明信片若干、纪念品若干。

3. 场地准备：

两个大班教室、阳台和走廊、多功能厅及中厅、操场。

活动过程

1. 四省知识大抢答，帮助幼儿回顾旅游经历，初步了解四省民俗特色。

教师：你们喜欢旅游吗？去过哪些城市？我们来玩一个“四省知识大抢答”的游戏，看看谁抢答得又快又准。

教师出题，幼儿抢答。

（家长帮助幼儿回顾旅游经历，引导幼儿积极回答问题，大胆表达自己的想法。）

2. 教师介绍活动规则，发放亲子活动记录表，交代体验活动的要求与规则。

活动规则：游玩时积极参与，不高声喧哗，不破坏公共环境；每体验完一条街都会得到一张代表当地特色的明信片，集齐四张明信片就结束了今天的旅行。活动的收入由班级家委会成员统计，结束后全部捐赠给贫困山区的孩子们。

（家长让幼儿带着目的游玩，体验亲子游戏的乐趣，为幼儿积累美好的童年回忆。活动中哪条街人少就先去哪条街，家长以身作则，遵守活动规则，教育幼儿学会包容、等待。）

3. 亲子游玩：体验和感受湖南、广州、浙江、江西四省的民俗风情。家长在此过程中了解幼儿的学习方式，增进亲子之间的感情。

(1) 湖南街——“戏剧大舞台”。

场地布置(如下图)：

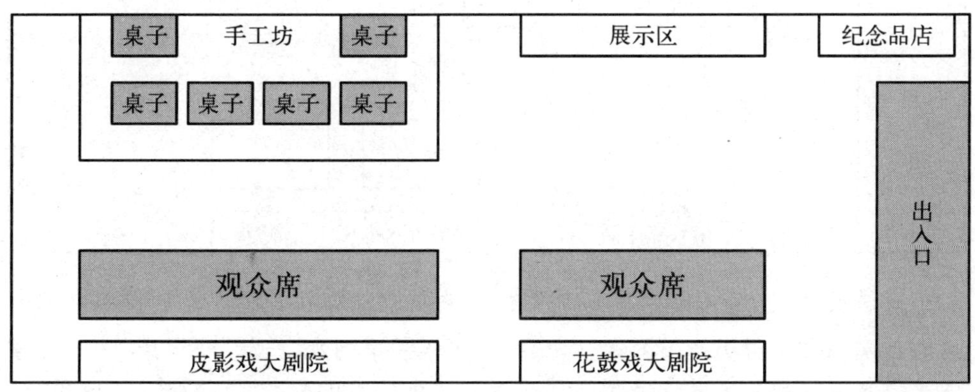

玩法及规则：家长向幼儿介绍湖南省的特色及有代表性的人物和历史故事。部分家庭表演《刘海砍樵》片段。“游客”坐在观众席观看表演。两组家庭负责在“展示区”给“游客”拍照留念。一组家庭在“皮影戏大剧院”指导“游客”如何操作皮影。教师在出口设立一个“纪念品店”，供“游客”购买纪念品，并在幼儿结束体验后，赠送其一张明信片。

（家长在游戏过程中给幼儿介绍湖南省的民俗风情，用不同形式调动幼儿的好奇心和求知欲，引导幼儿文明观看、爱护公物；体验结束后提醒幼儿到“纪念品店”领取明信片。）

(2) 广东街——“叹早茶”。

场地布置(如下图)：

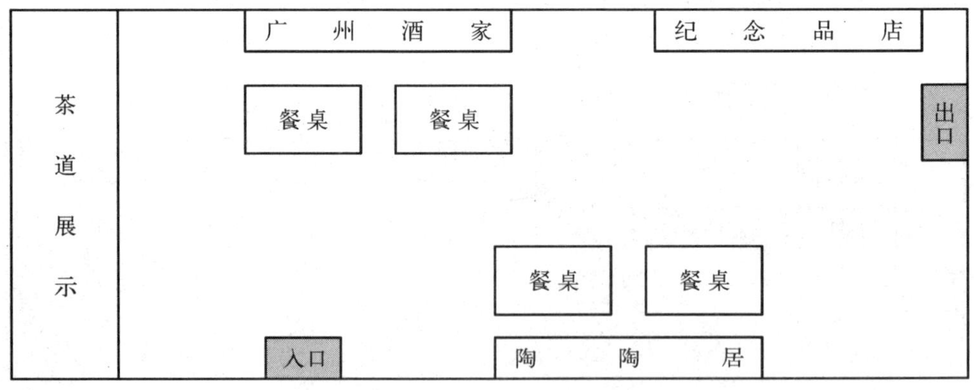

玩法及规则：家长借助入口处展板上的内容向幼儿介绍广东的特色。部分家庭扮演酒楼服务员招待客人，“游客”们可以围桌而坐，一起“叹早茶”。一组家庭表演茶道。部分家庭提前制作一些点心放在“广州酒家”和“陶陶居”售卖，部分家庭负责现场点心制作(实物)，结束后收入交由家委会成员统计并捐赠。教师在出口设立一个“纪念品店”，供“游客”购买纪念品，并在幼儿结束体验后，赠送其一张明信片。

（家长引导幼儿认识各种茶点，学习茶文化与品茶的礼仪；带领幼儿积极参与活动，遵守秩序，不乱丢垃圾，不浪费食物，使用礼貌用语；体验结束后提醒幼

儿到出口处的“纪念品店”领取明信片。)

(3) 浙江街——“小商品的世界”。

场地布置(如下图):

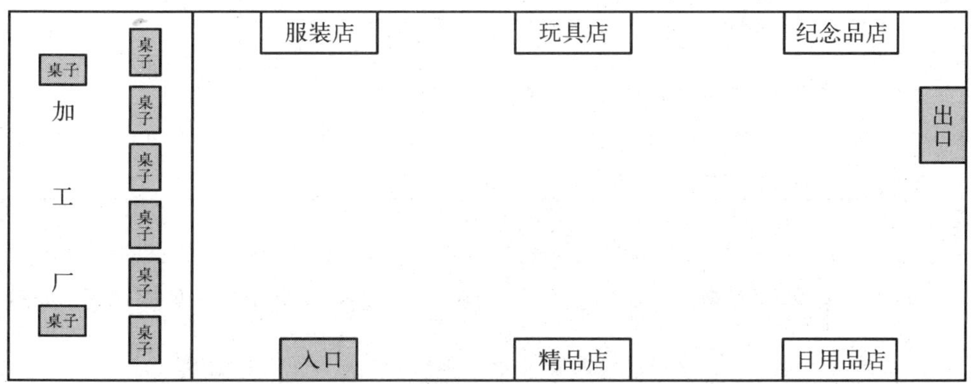

玩法及规则:家长可参照入口处展板上的内容介绍浙江的民俗民风。一位老师介绍“商店”的位置、“加工厂”的制作活动及买卖的要求等。部分家庭负责“加工厂”的管理,指导“游客”体验小饰品和小玩具的制作。部分家庭负责在“商店”销售商品,商品有班级收集的二手物品,也有“加工厂”制作的成品。活动结束后收入交由家委会成员统计并捐赠。教师在出口设立一个“纪念品店”,供“游客”购买纪念品,并在幼儿结束体验后,赠送其一张明信片。

(家长引导幼儿积极参与活动,初步了解商品买卖与货币交易的知识;饰品加工时,引导幼儿大胆设计,耐心制作;告诉幼儿使用工具时注意安全,小颗粒材料不乱丢,不放进耳、鼻、嘴中;体验结束后提醒幼儿到出口处的“纪念品店”领取明信片。)

(4) 江西街——“瓷都”。

场地布置(如下图):

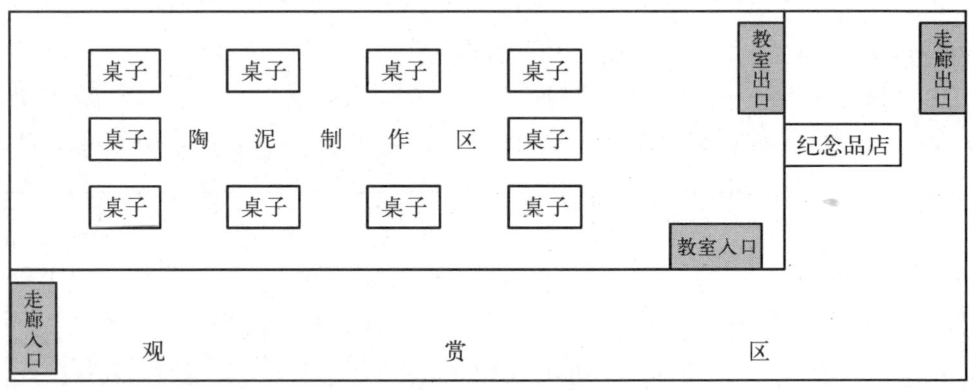

玩法及规则:家长可参照入口处展板上的内容给幼儿介绍江西的特色及烧瓷的过程、瓷器的演变、烧瓷的工具等知识。两组家庭负责“陶泥制作区”的管

理，提供陶泥给“游客”购买，并指导制作方法；结束后收入交由家委会成员统计并捐赠。教师在走廊出口设立一个“纪念品店”，供“游客”购买纪念品，并在幼儿结束体验后，赠送其一张明信片。

（家长带领幼儿购买陶泥，鼓励幼儿发挥想象大胆制作；活动时注意幼儿的安全与卫生；体验结束后提醒幼儿到出口处的“纪念品店”领取明信片。幼儿可将用陶泥制作的作品带回家。）

4. 幼儿集齐四张明信片后结束活动，回家后和家长一起填写活动记录表。

延伸活动

1. 活动结束后，家长和幼儿回家共同回顾在活动中的收获，可以用画、剪、贴等形式完成活动记录表。

2. 家长有机会可以多带幼儿旅游，让幼儿体验、感受各地风情。

3. 家长和幼儿共同探索、了解其他省份的民俗风情，幼儿将相关图文资料带来幼儿园与同伴分享。教师用搜集的各种资料布置“中国民俗文化一条街”，或设置相应的区域活动。

附：“四省风情街”活动记录表

今天的活动你和谁一起来参加的？参与了哪些体验活动？
今天的活动中你最喜欢哪条街的活动？印象最深的是什么？可以将你在活动中的照片贴在这里。

（续表）

你想去哪些省市旅游？和爸爸妈妈一起搜集这些地方的资料，可以用画画、剪贴等方式记录在表格中，带到幼儿园与小朋友们分享。

端午粽飘香

价值分析

端午节是我国的传统节日，有着悠久的历史渊源，具有丰富的文化内涵，既有迎接炎夏、预防疾病的意义和插艾草、熏香等习俗，又有祭奠伟大爱国诗人屈原的意义和吃粽子、赛龙舟等习俗。《指南》中提到，要“运用喜闻乐见和能理解的方式激发幼儿爱家乡、爱祖国的情感”。本活动从幼儿的生活经验和兴趣出发，开展包粽子、吃粽子、“赛龙舟”、编五彩手链等有趣的游戏和活动，旨在促进幼儿对中国传统文化的了解和热爱，进一步激发幼儿爱祖国的情感。

活动目标

1. 幼儿发展目标：

(1) 知道端午节是中国的传统节日，初步了解节日的习俗。

(2) 通过包粽子、编五彩手链、“赛龙舟”等有趣的活动，体验端午节特有的民俗风情，感受亲子活动的快乐。

(3) 通过了解端午节的由来及民俗活动，感受我国丰富与深厚的传统文化，进一步提升爱国情感。

2. 家长发展目标：

(1) 感受与幼儿一起包粽子、吃粽子、编五彩手链、玩游戏的乐趣，营造良好的亲子氛围，增进亲子感情。

(2) 引导幼儿了解端午节的传统文化，鼓励幼儿用自己的方式表达自己的理解。

(3) 关注幼儿爱国情感的培养，鼓励幼儿观察与思考身边事物。

活动准备

1. 经验准备：

(1) 幼儿初步了解端午节的由来及习俗。

(2) 家长有包粽子的经验。

2. 材料准备：

(1) 教师制订和发放《家长活动须知》。

(2) 制作粽子的材料，包括粽叶、糯米、蜜豆、细绳等；五彩线；自制“龙舟”两条(前后两人式“龙舟”)；《屈原的故事》课件音乐。

3. 场地准备：

教师打扫好活动场地，将操作用的座椅靠边有序摆放。

活动过程

1. 听故事，了解端午节的由来。

(1) 教师出示粽子，导入活动。

教师：看看这是什么？你们吃过粽子吗？什么节日我们会吃粽子呢？

(2) 集体观看《屈原的故事》课件，了解端午节的来历。

教师：端午节是为了纪念谁？刚才故事里说了什么？

(家长督促幼儿认真听故事，积极思考老师的问题。当幼儿回答问题时家长也认真倾听，并热情回应及鼓励幼儿。)

2. 聊端午，初步了解端午节吃粽子、划龙舟等习俗。

教师：除了故事里说的，吃粽子、划龙舟，你们还知道端午节有哪些习俗？

(家长鼓励幼儿大胆地表达自己的想法，在幼儿表达不够清楚时，可以适当提示幼儿，并加以补充。)

3. 包粽子，家长与幼儿共同包粽子，积极互动。

(1) 家长和幼儿来到教师指定的场地，认识材料。

(2) 教师示范包粽子，讲解包粽子流程及注意事项：先取三条苇叶，码齐后将大头的一端窝成三角漏斗状，注意尖部要紧闭，以防漏米。然后在中间放入豆子、花生，将漏斗后面的苇叶裹在糯米上，粽子基本定型。最后，用棉线将粽子绑好后，再放入锅里蒸煮。

(3) 家长和幼儿合作包粽子。

(家长要与幼儿商量配合合作的方式，并指导幼儿包粽子，对幼儿的操作要及时给予肯定鼓励。)

4. “赛龙舟”，体验亲子游戏的快乐，增强亲子间的默契度。

(1) 教师交代游戏规则。

教师：端午节除了吃粽子，人们还要进行一项很热闹的活动——赛龙舟，今天我们也来“赛龙舟”。(出示“龙舟”)这是“龙舟”，家长和幼儿套着纸箱做的“龙舟”，小朋友在前面，家长在后面，合作向前绕过障碍物，到达终点后返回起点，将“龙舟”快速交给下一个家庭，继续游戏。五个家庭一组，每次两组同时进行，最先完成游戏的那一组获胜。

(2) 家长和幼儿合作“赛龙舟”。

(家长要注意配合幼儿的速度，注意幼儿的安全。)

5. 编五彩手链。

(1) 教师交代游戏规则。

教师：每一组家庭可以自选篮子里的五彩线，编织五彩手链。五彩手链必须由五种不同颜色的绳子编织而成，编织的方式每组可以自由选择。

(2) 家长和幼儿合作编五彩手链。

(3) 互赠彩带，表达祝福。

(在选色时尽量让幼儿自己决定，家长在编织过程中一定要让幼儿参与，并耐心指导幼儿做他(她)可以完成的工作。在互赠彩带时，鼓励幼儿大胆并完整表达祝福语。)

6. 品尝粽子。

教师：小朋友今天爸爸妈妈陪你们一起游戏，开心吗？你们拿到粽子，准备先送给谁吃？请你们剥开粽子，将粽子送给你的家长，并说一句表达爱意或感谢的话。

幼儿剥粽子，将粽子送给家长并表达爱意，家长接受并肯定幼儿。幼儿和家长共同品尝粽子。

(家长在接受幼儿的粽子时，要表示感谢，肯定幼儿的行为。在品尝粽子时，家长主动与幼儿交流。)

活动延伸

1. 请家长与幼儿一起阅读有关端午节等传统节日的绘本，讲讲端午节的风俗习惯与传统故事。

2. 家长可以继续与幼儿一起进行编彩带、做香囊、画彩蛋等有趣的活动。

3. 家长、教师可以与幼儿一起学唱、仿编端午节的儿歌。

附 1：屈原的故事

屈原是我国古代的一位伟大的爱国诗人，他非常爱自己的国家——楚国。他帮助楚王治理国家，使楚国变得很强大，楚王很信任他；他爱护百姓，楚国百姓很爱戴他。

王后和奸臣们看见楚王这么信任屈原，心里很不高兴，经常凑在一起商量怎么害屈原。他们拼命在楚王面前说屈原的坏话，并动员楚王相信最强大的敌国——秦国的话，放弃跟其他小国家做朋友。屈原坚决反对此举，一再劝说楚王不要与周围的国家绝交。楚王非常生气，撤掉了屈原的官职，将他流放到很远的地方，坚持与周围的国家断绝了友邦关系。

秦国见楚王中了计，就派了很多兵去攻打楚国。楚国被打败了，楚王也被秦国捉去，最后死在了秦国。

屈原虽然被免除了官职，但他非常关心自己的国家，担心楚国的命运，常常整夜睡不着。在听到楚国被打败、楚王死在秦国的消息后，他非常伤心，昏昏沉沉地走了几天，最后来到了汨罗江边，投河自尽。

这天正是农历五月初五，老百姓们听说后，争着划船去打捞屈原，还用竹叶和糯米包成粽子投入江中，好让鱼吃饱了不伤害屈原的尸体。以后每逢农历五月初五，人们就包粽子、划龙舟，以此来纪念屈原。这就是端午节的由来。

附 2：端午节的习俗

1. 吃粽子。粽子由黍米（黄米）或糯米加枣用苇叶包成，呈三棱角状，煮熟食用。据说屈原投江后，人们为了不让鱼类吃掉其尸体，而向江内投粽子。习俗相沿，变成了人吃粽子，后又带上了时令色彩。

2. 做香囊。用布做成小布袋，在药铺购买五味中药，装在小布袋里缝严。戴在小孩或老年妇女身上，驱邪避瘟。

3. 给孩子戴五丝。“五丝”由红、黄、蓝、白、黑五色线配成，古代没有棉花而用五色丝，所以叫“五丝”。后有了棉花，就以棉线代丝，而名称未改。早晨，在未出太阳时，给孩子的手腕、脚踝和脖子都戴上“五丝”。要一直戴到下大雨。下大雨时，解下来扔在水流里，使其顺水漂走。传说这“五丝”能变成蚯蚓。习俗认为戴“五丝”，能去灾、辟邪，保护儿童。

4. 吃五黄、挂五端，驱毒避虫。“五黄”指黄豆包的粽子、咸鸭蛋黄、雄黄酒、黄鱼和黄瓜；“五端”指菖蒲、艾草、石榴花、蒜头和龙船花。

三、结合幼儿身心发展特点开展的大班亲子活动

（一）大班班级形式的亲子活动

过生日啦

价值分析

幼儿都喜欢过生日，5—6岁的幼儿已具有初步的时间观念。《指南》在论及5—6岁幼儿的典型表现时，对幼儿提出“能感知并了解季节变化的周期性，知道变化的顺序”，“有高兴的或有趣的事愿意与大家分享”，“能有序、连贯、清楚地讲述一件事”等合理期望，并相应地对成人提出“主动亲近和关心幼儿，经常和他一起游戏或活动，让幼儿感受到与成人交往的快乐，建立亲密的亲子关系”，“借助故事、图书等给幼儿讲讲父母抚育孩子成长的经历，让幼儿理解和体会父爱与母爱”，“通过和幼儿一起翻阅照片、讲幼儿成长的故事等，让幼儿感受到家庭的温暖，对养育自己的人产生感激之情”，“引导幼儿体会生活中很多事情都是具有一定顺序和规律的，如一年四季按照春夏秋冬轮回”等教育建议。“过生日啦”这一班级亲子活动，即是根据上述《指南》精神所设计的，旨在让幼儿在和家长共同庆生的过程中，感知四季轮回、季节交替的周期性，体会父母养育自己的辛劳、增进亲子感情，并体验与小伙伴分享快乐的幸福感。

活动目标

1. 幼儿发展目标：

（1）积极参与集体庆生活动，体验与身边人分享快乐的幸福感，增进与老师、同伴及家人之间的感情。

（2）能有序、连贯、清楚地讲述自己的成长经历，表达对父母的感恩和爱。

（3）了解生日的含义，进一步感知季节交替的周期性。

2. 家长发展目标：

（1）感受到家园共育的重要性，愿意参加并积极准备幼儿的生日会。

（2）带领幼儿共同回顾从他们出生后每一年的几件有意义的事情，肯定幼儿的进步与成长。

（3）让幼儿感受到自己浓浓的爱，营造充满爱意的亲子氛围。

活动准备

1. 经验准备：

幼儿知道自己的生日是哪一天。

2. 材料准备：

(1) 教师制订和发放《家长活动须知》。

(2) 教师自制“生日盘”(准备一张圆形或方形的纸板或卡纸，在上面按 12 等份进行划分，代表着 1 年的 12 个月，也可以画上春夏秋冬的图画，代表四季；在卡纸的中心画上太阳，或用烛台等物品代表太阳)；自制“月份卡”(准备 12 张大小相同的长方形小卡片，在卡片上分别写出 12 个月份；音乐《生日快乐歌》；数字卡。)

(3) 活动当天过生日的小寿星的家长准备几张幼儿不同年龄阶段具有一定意义的照片和几段幼儿的视频。

(4) 小寿星家长准备食品带来幼儿园分享；其他幼儿和家长一起准备要送给小寿星的自制小礼物。

3. 场地准备：

(1) 教师在教室里布置庆祝生日的条幅、生日气球和小寿星的多幅成长照片。

(2) 事先将班级中心的场地空出来，将幼儿座椅围成一圈，将准备好的材料参考下图摆放好(正中间摆放生日盘，将 12 个月份的小纸条按顺序摆在生日盘上，将蜡烛放在生日盘的中心)。

活动过程

1. 家长和小寿星共同介绍小寿星的年龄和出生月份。

(1) 教师引导幼儿观察生日盘，初步感知一年有 12 个月份。

教师：生日盘上摆的是什么？它代表什么？

（家长鼓励幼儿按顺序说出12个月。幼儿通过观察感知一年有12个月的概念。）

(2) 其他幼儿介绍自己的年龄。

家长配合幼儿的介绍举起表示其年龄和出生月份的数字卡，帮助幼儿巩固数的概念。

2. 回忆小寿星成长的过程。

(1) 教师请小寿星和家长示范走生日圈。

教师将摆放在中间的蜡烛点亮用来代表太阳，同时拿出一个地球仪，家长牵着小寿星，小寿星拿着地球仪从一月份开始绕“太阳”顺时针走圈。小寿星走完后，教师再请其他几名幼儿和家长一起走生日圈。

（家长要有“幼儿在前”的意识，随着幼儿的脚步走生日圈，引导幼儿理解走完一圈代表“春、夏、秋、冬”四季结束，代表过完了一年12个月。）

(2) 小寿星走生日圈，家长分享小寿星在成长过程中有意义的事情，增强幼儿的家庭归属感。

教师将小寿星出生的照片放在过生日的月份，小寿星拿着地球仪以出生的月份为起点绕着太阳转，每转一圈模拟一年的流逝。其他幼儿唱歌谣“地球围绕太阳转，每转一圈是一年”，最后报出“×岁了”。小寿星每转过一圈回到出生的月份后，家长就拿出小寿星相应年龄段的照片，给大家讲一讲这一年发生的一两件有意义的事情，例如1岁的时候孩子会走路了……

（家长语言简洁明了，带小寿星一同回顾自己的成长过程，介绍其每年中经历的有意义的事情。其他幼儿注意倾听，也可主动向家长询问自己成长的故事。）

(3) 小寿星说一说、做一做，表达对父母养育的感激之情，增进亲子感情。

教师：我们的成长离不开父母，爸爸妈妈为我们付出了这么多，我们要怎样感谢父母的养育之恩呢？

（家长展示养育小寿星过程中的录像、照片，让幼儿理解、体会父母的爱。幼儿用语言、动作表达对父母的感激之情。）

3. 唱生日歌，许下美好的愿望，体验家庭、幼儿园生活的温暖。

所有幼儿用手指模仿“相机”和老师一起为小寿星拍摄生日照片，一起唱《生日快乐歌》。小寿星许愿并吹灭蜡烛。

（家长为小寿星留下珍贵的影像资料。幼儿真诚地为小寿星送上祝福。）

4. 快乐齐分享，体验与同伴共同庆生的快乐。

教师：过生日的时候得到这么多人的关心、祝福，大家心里有什么感觉？让我们一起分享聚餐食物，并赠送自制小礼物给小寿星，表达祝福吧！

（家长事先准备安全、卫生、健康的食品，鼓励小寿星大方地与同伴分享。其他幼儿将事先准备好的自制礼物送给小寿星，体验“礼轻情意重”的美好情感。）

活动延伸

1. 家长在家要有重点地记录幼儿的成长经历，主动收集图文资料，配合幼儿园共同完善《幼儿成长档案》。

2. 在幼儿过生日的这一天，拍一张全家福，记录下温暖的家庭幸福时光。

3. 家长引导幼儿关注其他家庭成员的生日，以自己的方式送上祝福。

（二）大班年级形式的亲子活动

了不起的我

价值分析

5—6岁幼儿自我意识不断增强，是形成自尊、自信、自主的品格的重要时期。《指南》在论及5—6岁幼儿的典型表现时，对幼儿提出“能主动地发起活动或在活动中出主意想办法”，“主动承担任务，遇到困难能够坚持而不轻易求助”，“自己的事情自己做，不会的愿意学”，“有高兴的或有趣的事愿意与大家分享”，“会自己系鞋带”，“能有礼貌地与人交往”，“艺术活动中能与他人相互配合，也能独立表现”等合理期望，并相应地对成人提出“知道幼儿学习和掌握生活自理技能的基本方法，如穿脱衣服和鞋袜的正确方法”，“对幼儿好的行为多给予具体、有针对性的肯定和表扬，让他对自己的优点和长处有所认识，并感到满足和自豪”，“幼儿自己的事情尽量放手让他自己做”，“了解每个人都有自己的兴趣、爱好和特长，可以相互学习”等教育建议。“了不起的我”这一班级亲子活动，即是根据上述《指南》精神所设计的，旨在亲子互动的过程中，让幼儿和家长共同感受幼儿的进步与成长，让幼儿建立良好的自我认知，萌发初步的社会责任感，并增强家庭归属感。

活动目标

1. 幼儿发展目标：

（1）感受自己逐渐长大的愉悦和自豪，建立良好的自我认知，初步产生社会责任感的意识。

(2) 能大方地展示自我，通过比较发现自己的成长变化。

(3) 学习做力所能及的事情，学会关心、爱护、帮助同伴与家长。

2. 家长发展目标：

(1) 积极主动地参加亲子活动，及时肯定幼儿的进步与成长，营造有爱的亲子氛围。

(2) 创造多种方式，帮助幼儿体验长大后各方面能力提升的自豪感。

(3) 引导幼儿独立、自信、自主地做力所能及的事情，促使其萌发初步的社会责任感。

活动准备

1. 经验准备：

幼儿已准备好表演的节目，已熟练掌握系鞋带和穿、脱有纽扣的衣服的方法。

2. 材料准备：

(1) 教师制订和发放《家长活动须知》。

(2) 教师准备好中国民间游戏图等游戏材料。

(3) 幼儿穿有鞋带的鞋子和有纽扣的衣服来园。

3. 场地准备：

教师事先将班内场地空出来，保证家长与幼儿有充足的活动空间。

活动过程

1. 大带小亲子活动“我带弟弟妹妹”：体验成长的自豪，萌发照顾弱小的责任意识。

教师：我们是幼儿园的大哥哥大姐姐，今天带小班的弟弟妹妹一起玩耍，要照顾好他们哟！

(1) 每位大班幼儿主动向小班的弟弟妹妹打招呼，有礼貌地、自信地介绍自己。在家长的协助下照顾一名小班的弟弟妹妹，带他们喝水、上厕所，带领他们一起进行户外游戏活动。

(2) 交流大带小体会。

教师：你们真了不起，把小弟弟小妹妹照顾得非常好！有什么体会和感受呢？

(家长鼓励幼儿认真履行大哥哥大姐姐的义务，及时肯定好的行为和闪光点，在适当的时候予以帮助，注意两名幼儿的安全；引导幼儿有始有终，完成大带小的任务，体验长大了的自豪感。)

2. 自理能力大赛“了不起的我”：多方位展现幼儿的进步成长，进一步提升

幼儿的自豪感和自信心。

教师：我们学会了许多了不起的本领。现在跟爸爸妈妈一起比一比吧！

分为家长和幼儿两大组，分别进行穿鞋子、系鞋带、穿衣服、叠被子、跳短绳、跳长绳等项目的竞赛。

（家长积极参与竞赛，适当调整动作速度，让幼儿感受到成功的喜悦。幼儿自信地参与活动，正确看待输赢，感受到自己的成长进步。）

3. 亲子制作《成长手册——了不起的我》：记录自己成长的点滴，理解和体会父母的爱。

(1) 说说“了不起的我”，激发制作《成长手册——了不起的我》的兴趣。

教师：你会做哪些事情？还能帮助爸爸妈妈做哪些力所能及的事情？一起把它记录下来吧！

(2) 制作《成长手册——了不起的我》，共同记录幼儿成长的一点一滴。

制作方法：将能代表幼儿典型特点或者有纪念意义的图画作品、照片等，按时间有序地进行粘贴，家长协助幼儿进行文字记录。

(3) 作品展示，互相欣赏各自的《成长手册——了不起的我》。

教师：你是怎么制作的？里面记录了什么？

教师引导幼儿用清楚简洁的言语介绍自己的成长手册和制作方法。

（家长与幼儿沟通，鼓励幼儿说出制作思路，并引导幼儿大方地向同伴介绍自己的作品。）

活动延伸

1. 家长在家要多鼓励幼儿做力所能及的事情，注意不要过度保护和包办代替，以免剥夺幼儿自主学习的机会，影响幼儿主动性、独立性的发展。

2. 家长还可以带领幼儿练习其他生活技能，例如整理房间、做简单的家务等。

第五章

幼儿园全园亲子活动案例

一、结合幼儿发展目标开展的全园亲子活动

“六 一”彩 绘

价值分析

每个幼儿心里都有一颗美的种子，他们喜欢使用各类颜料，结合各种材料进行绘画活动。《指南》在论及5—6岁幼儿的典型表现时，对幼儿提出“能经常用绘画表现自己的所见所想”，“能用自己制作的美术作品美化生活”，“能与他人相互配合也能独立表现”等合理期望，并相应地对成人提出“提供丰富的材料支持幼儿进行自主绘画等艺术活动”，“经常和幼儿一起绘画、制作，(和他们)分享艺术活动的快乐”等教育建议。“‘六一’彩绘”这一全园亲子系列活动，即是根据上述《指南》精神所设计的。活动让家长和幼儿共同参加六一儿童节前期准备、亲子共绘及作品展示等；让幼儿大胆表达自己的快乐和对弱势同龄人的友好、关心，感知合作的力量；帮助家长了解参与幼儿绘画活动的价值，增进亲子感情。

活动目标

1. 幼儿发展目标：

(1) 了解六一儿童节的来历和不同地方不同的庆祝方式，感受幸福。

(2) 能与他人配合使用颜料、画布等，体验合作的喜悦。

(3) 能大方地在公开场合绘画，乐于介绍自己的作品，大胆表现自己的想法。

2. 家长发展目标：

(1) 积极参与彩绘系列活动，感受陪伴幼儿的快乐。

(2) 了解幼儿绘画的发展特点，鼓励幼儿大胆表现自己。

(3) 关注幼儿的人际交往发展，指导幼儿关心他人、友好合作。

活动准备

1. 经验准备：家长与幼儿围绕主题收集资料；幼儿了解六一儿童节的相关知识；家长了解活动目标及内容。

2. 材料准备：

(1) 教师制订和发放各年龄段幼儿的《家长活动须知》和绘画主题内容。

(2) 幼儿每人一件白色T恤，记号笔、水彩笔或油画棒一套。

(3) 百米长布；舒缓轻柔的背景音乐。

3. 场地准备：户外大操场，各班级活动室。

活动过程

活动前

1.“‘六一’彩绘”主题活动周。

(1) 集体教学活动——“六一儿童节”：幼儿了解儿童节的来历和各地不同的庆祝方式，知道小朋友们是应该被保护和关爱的群体；了解战乱和贫困中儿童的生活状况，知道社会的多样性，萌发同情、帮助他人的情感；通过对比感受自己幸福、快乐的生活，学会珍惜。

(2) 绘画活动：教师指导幼儿运用色彩和线条表现内心的感受，学习彩绘的基本方法。

(幼儿增进对六一儿童节的了解，丰富经验，获得幸福感和同理心。)

2. 宣传工作。

幼儿园将统一制订的活动主题和要求告知家长(纸稿、网络等形式)，每个班级提前将家长和幼儿分成6组，每组选择其中一个主题。

(教师指导家长和幼儿商议并选择好彩绘内容，可在家画一画，家长不要强求幼儿“画得像”，应营造温馨的氛围使幼儿愉快地画画。)

活动中

1. 大班幼儿创作亲子百米长卷画，感受跟全班小朋友、家长在同一长卷上绘画的快乐。

(1) 大班家长和幼儿在三个主题——“仰望星空”“我的幼儿园”“我要上小学了”当中选择一主题现场作画。

(2) 展示百米长卷，家长和幼儿自由讲述自己的绘画内容。

(3) 拍照留念。

（家长以积极的态度带动幼儿绘画，鼓励幼儿大胆表现自己的想法，不要跟旁边的家庭攀比，提醒幼儿以礼待人，画完后收拾绘画材料。）

2. 开展“一家老小过‘六一’”亲子彩绘，共享节日的快乐气氛。

(1) 亲子彩绘：幼儿和家长分组按事先选好的主题在白色T恤上绘画。

(2) 作品展示：彩绘完成后，幼儿和家长穿上手绘的T恤以班级为单位举行亲子秀。

（T恤上作画既新奇有趣，又有一定难度，家长要鼓励幼儿尝试新的作画形式，协助其绷平T恤，便于下笔；家长还要根据幼儿的意愿参与绘画，补充其作品，如帮助其涂色等；同时，提醒幼儿与同伴友好相处，在愉悦的氛围中享受亲子同画的快乐。教师提醒家长与幼儿穿上手绘图案的T恤表演“亲子秀”，注意正面鼓励，引导家长切勿攀比和训斥幼儿。）

活动后

收集系列活动参与者的感想，并通过板报形式在园所内分享。

活动延伸

1. 家长可以利用周边资源，比如带幼儿游览、参观铜官镇，了解当地陶瓷艺术等，并与幼儿合作制作属于自己的陶制品。

2. 家长向幼儿讲述自己小时候过六一儿童节的故事，分享彼此成长中的喜悦。

3. 通过网络、电视、报纸等媒介，家长与幼儿一起了解世界各地儿童不同的过节方式。

二、结合社会文化开展的全园亲子活动

走进军营

价值分析

幼儿都崇敬解放军叔叔，绿色军营是他们非常向往的地方。湖南省军区幼儿园作为部队幼儿园，独特的社区文化是培养幼儿坚毅、勇敢等个性品质的良好资源。《指南》在论及3—6岁幼儿的典型表现时，对幼儿提出“尊重为大家提供服务的人，珍惜他们的劳动成果”，“愿意与家长一起参加社区的一些群体活动”，“能遵守游戏和公共场所的规则”，“敢于尝试有一定难度的活动和任务”等合理期望，并相应地对成人提出“主动亲近和关心幼儿，经常和他一起游戏或活动，让幼儿感受到与成人交往的快乐，建立亲密的亲子关系”，“经常和幼儿一起参加一

些群体性的活动，让幼儿体会群体活动的乐趣”等教育建议。“走进军营”这一全园亲子活动，即是根据上述《指南》精神所设计的，旨在通过亲子参观活动，让幼儿和家长共同感受到部队的严格管理和军人的严明纪律，学习战士们生活简朴、作风顽强的良好品质，激发幼儿热爱、尊敬解放军叔叔的情感。

活动目标

1. 幼儿发展目标：

（1）喜欢并尊敬解放军叔叔，萌发长大要当解放军保卫祖国的远大理想。

（2）观察解放军叔叔的学习与生活，了解解放军叔叔保家卫国的职责，感受并学习解放军叔叔坚强、勇敢的品质。

（3）感受部队的严格管理和严明纪律，遵守参观军营的基本规则，萌发规范自己日常行为的意识。

2. 家长发展目标：

（1）积极参加亲子参观活动，增进亲子感情，增强家庭归属感。

（2）关注幼儿意志品质的培养，有意识地锻炼幼儿不怕吃苦、坚毅执著的品格。

（3）用欣赏、肯定的态度，关注幼儿在“走进军营”活动中的收获和进步。

活动准备

1. 经验准备：

幼儿有过包饺子的经验；家长提前了解了各个游戏的规则及玩法。

2. 材料准备：

（1）教师制订和发放《家长活动须知》。

（2）橡皮筋、垫子、沙包、牛奶桶、平衡木、小桌子等体育器械；饺子馅、饺子皮、干净的盘子、筷子等食材与餐具。

3. 场地准备：

教师事先联系好参观事宜，请解放军把游戏区域划出来，保证家长与幼儿有充足的活动空间。

活动过程

1. 亲子参观军营，大致了解营区结构，感受军营干净、整洁、有序的环境。

教师：军营里有哪些建筑？分别有哪些作用？和我们平时看到的住房、社区有什么不一样？

（家长引导幼儿有重点地观察营区，发现军营的突出特点，引导幼儿遵守参观的纪律要求。幼儿安静、有序、文明参观，主动与家长、同伴交流自己的发现。）

2. 走进军营，感受军营生活的严肃、有序，产生对解放军叔叔的崇敬之情。

(1) 参观营房，重点观察解放军叔叔牙刷、毛巾等各类生活物品的摆放，感受严明的军营纪律。

(2) 观看叠被子演示，初步了解叠“豆腐块”的方法，感受解放军叔叔细致、严谨的作风。

(3) 观看军体拳表演，感受军人的阳刚之气以及训练的刻苦。

（家长积极参与活动，引导幼儿重点关注并说出军营生活与自己日常生活的区别。幼儿文明参观，会用肢体动作、语言表达对解放军叔叔的敬意，如鼓掌等。）

3. 学打军体拳、叠被子，感受并学习解放军坚强、勇敢的品质和细致、严谨的作风。

教师：我们也来当解放军，一起学打军体拳、叠被子，看看哪一组家庭完成得最好！

家长和幼儿共同参加“叠被子大赛”和“打军体拳”活动，体验军人的生活。

（家长通过积极主动的态度感染幼儿，鼓励幼儿积极参与活动，并予以一定的帮助，使其获得成就感。幼儿与家长一同完成竞赛游戏，把自己的体验及时告知家长。）

4. 和解放军叔叔玩游戏，体验军事游戏的乐趣，萌发长大要当解放军保卫祖国的远大理想。

(1) 自主选择军事游戏项目，感受与解放军一起互动游戏的快乐。

游戏一：炸碉堡

游戏玩法：幼儿与家长一队，解放军一队，分别站在起跑线后准备。教师发出“出发”的口令，每排第一名队员立即开跑，跨过壕沟（橡皮筋），钻过直径60厘米的“山洞”（桌子），爬过“封锁线”（垫子），拿起1个“手榴弹”（小沙包），向敌人“碉堡”（纸箱）投去，再从两侧直接跑回拍第二名队员的手，并站到队尾加油。所有队员最先跑完的一队为胜。

游戏二：军民一家

游戏玩法：幼儿、家长和解放军三人一组，并排站好。将两张报纸展开，在每张报纸上挖两个洞，分别套在三人相邻的脚上形成“三人四足”，然后三人合作按指定路线走过小路，到达终点。以报纸不破且最先到达终点的一组为胜。

游戏三：匍匐前进

游戏玩法：幼儿与家长一队，解放军一队，分两队站立准备。比赛开始，两

队“鱼贯式”匍匐前进爬过障碍物。前进时身体与腿要平贴地面，不能曲起，两手用力向前支撑身体匍匐前进；全体队员最先通过终点的一队为胜。

游戏四：小小兵向前冲

游戏玩法：幼儿与家长一队，解放军一队。两队队员“鱼贯式”穿过“密密的森林”（牛奶盒），钻过“黑黑的洞穴”（小桌子），再走过“细细的独木桥”（平衡木），来到“安全区”（画一条安全线），听到“预备——投弹”的口令后，立即把“手榴弹”（小沙包）向对面的“碉堡”（纸箱）使劲投出去。游戏结束，清理“碉堡”（纸箱）的“手榴弹”小沙包数量，投中数量多的为胜方。可自主选择不同距离的“碉堡”（纸箱），看谁投得远，投得准，争取把敌军的“碉堡”（纸箱）“炸毁”。

游戏五：敌追我跑

游戏玩法：幼儿与家长一队，解放军一队，两队分开站在中线两边，背靠背相距5米。当听到指令“敌追兵”时，家长与幼儿共同去抓身后的解放军；当听到口令“兵追敌”时，解放军去抓身后的家长与幼儿。被抓住的队员在一旁休息观战，当裁判。规定时间内，保留队员多的一队获胜。

（家长鼓励幼儿坚强、勇敢、不怕苦，向解放军叔叔学习，同时注意幼儿参与活动的安全。幼儿与父母合作，共同进行对抗游戏，萌发竞争意识。）

5. 幼儿和家长共同包饺子和解放军叔叔分享，表达尊敬、热爱解放军叔叔的情感。

（家长与幼儿商讨制作方法和分工，鼓励幼儿大胆尝试，尊重幼儿的劳动成果并给予正面的评价。幼儿按制作步骤包饺子，用行动表达对解放军叔叔的喜爱之情。）

活动延伸

1. 在日常生活中，家长多引导幼儿学习解放军勇敢的精神，克服生活中、学习上的小困难。

3. 家长培养幼儿良好的生活自理能力和生活习惯，如按时作息，早上起床后自己整理床铺，洗漱完毕后自己清洗杯具、毛巾等。

传统游戏 Go Go Go

价值分析

传统游戏是我国传统文化的载体之一，是劳动人民在长期的共同生活中形成，经过时间检验流传至今的一种休闲活动。《指南》在论及3—6岁幼儿的典型表现时，对幼儿提出“知道自己是中国人”，“知道自己的民族”，“爱祖国，为自己是中国人感到自豪”等合理期望，并相应地对成人提出“运用幼儿喜闻乐见和能够理解的方式激发幼儿爱家乡、爱祖国的情感”，“向幼儿介绍反映中国人聪明才智的发明和创造，激发幼儿的民族自豪感”，“经常和幼儿一起参加一些群体性的活动，让幼儿体验群体活动的乐趣”，“吸引和鼓励幼儿参与集体活动，(促使其)萌发集体意识”等教育建议。“传统游戏 Go Go Go”这一全园性大型主题亲子活动，即是根据上述《指南》精神所设计的，旨在让幼儿在和家长共同参与传统游戏的过程中，体验、了解、传承我国的传统文化，萌发“我是中国人”的民族自豪感，并感知、体验、遵守大型群体活动的基本规则。

活动目标

1. 幼儿发展目标：

(1) 喜欢参与传统游戏，感受传统游戏带来的乐趣，为自己是中国人感到自豪。

(2) 能用动作或绘画、手工等多种艺术形式表现对传统游戏的理解。

(3) 理解并遵守传统游戏规则，感知、体验大型群体活动的基本规则。

2. 家长发展目标：

(1) 与幼儿共同参与传统游戏及表演活动，增进亲子感情，增强家庭归属感。

(2) 帮助幼儿理解游戏规则，以身作则，做遵守规则的榜样。

(3) 引导幼儿体验、了解、传承传统文化，激发幼儿爱祖国的情感。

活动准备

1. 经验准备：

幼儿有初步的传统游戏经验；家长提前了解活动目标及内容。

2. 材料准备：

(1) 教师制订和发放《家长活动须知》。

(2) 各班节目演出服装、道具；节目音乐；弹珠、橡皮筋、竹竿、陀螺、空竹等传统游戏材料；游戏奖品、证书；公共环境创设图文资料、游戏海报、对外展示 KT 板等。

3. 场地准备：

室内外大扫除，做到窗明几净；进行公共及室内节日环境布置；保证宽敞的室外活动场地，事先规划好游戏区域。

活动过程

1. 亲子文艺汇演“传统游戏 Go Go Go”：感受传统文化的魅力，增强幼儿艺术表现力(附节目单)。

班　级	节目名称	班　级	节目名称
小一班	骑马	小二班	象棋小兵
小三班	围棋娃娃	小四班	蹴鞠宝贝
小五班	蹴鞠《加油歌》	小六班	骑马
中一班	竹竿	中二班	竹竿
中三班	嘿哈武术操	中四班	武术
大一班	盛世中华小雄狮	大二班	舞狮
大三班	龙舟	大四班	舞龙
大五班	丰收龙舞	家　长	传统体育活动串烧：抖空竹、舞扇、转龙等

（家长积极参与节目排练及表演，与幼儿共同表现传统游戏场景，体验亲子共舞的乐趣。幼儿与家长默契合作，根据教师的口令及时改变动作和队形。）

2. 亲子运动会“传统游戏 Go Go Go”：提高亲子合作能力，增强家庭归属感。

比赛年级	比赛顺序	内　容	比赛规则
大班组	1	跳竹竿	各班级 10 组家庭，依次跳过竹竿，在规定的 3 分钟内，通过数量多的班级胜利。
	2	跳橡皮筋	班级 5 组家庭，依次跳橡皮筋，3 分钟内跳得最多的班级获胜。
	3	剪刀石头布	班级两两进行对抗淘汰赛，每个班级 15 名幼儿，规定时间内，留在场上人数多的班级胜利。
	4	弹珠	各班级 5 组家庭，两两 PK 弹弹珠，最快弹入指定范围的家庭获胜。
中班组	1	打靶	幼儿每人 5 个沙包，站在线后。教师说：“开始！”幼儿用力将沙包向“敌人”投去，沙包用完后，根据幼儿投准的情况，教师为幼儿发放小贴纸。
	2	套圈	每人手里拿一个圈，站在指定位置上把手里的套圈扔向前面的瓶子，套中瓶子最多者获胜。
	3	剪刀石头布	班级两两进行对抗淘汰赛，每个班级 15 名幼儿，规定时间内，留在场上人数多的班级胜利。
	4	玩报纸	从起点开始，家长把两张报纸依次铺在地上，让幼儿从报纸上走到对面，按走到终点的速度快慢获得不同的礼物。

（续表）

比赛年级	比赛顺序	内 容	比 赛 规 则
小班组	1	蹴鞠赛	班级对阵，每班各派6组家庭，家长背着幼儿边跑边踢球，将球踢进球门者获胜。
	2	抢板凳	每组5名家长带5名幼儿，围绕9张板凳站一圈。音乐响起，所有人围绕板凳转圈；音乐停，所有人抢座位坐下，没有坐到的人或坐的面积较小的人淘汰。每一轮减少一张板凳，最后一轮剩4人和3张板凳，抢到最后3张板凳者获胜。
	3	揪尾巴	每个家庭由一名家长和一名幼儿参加，家长将幼儿抱在怀里，在幼儿的屁股上挂一条“尾巴”，听到口令后开始游戏，参与者在保护好自己的“尾巴”的同时要将别人的“尾巴”揪下来，“尾巴”被揪下者淘汰。
	4	小脚踩大脚	每个家庭由一名家长和一名幼儿参加，幼儿双脚踩在家长的脚上，和家长手拉手。听到口令后，家长带着幼儿向前跑，幼儿双脚不能离开家长的脚，看看谁先到终点。

（家长向幼儿讲解游戏玩法，鼓励幼儿积极参与游戏，体验快乐并争取游戏胜利。幼儿理解并遵守传统游戏规则以及大型群体活动的基本规则。）

3. 亲子制作大赛“传统游戏变变变”：创新传统游戏的材料和玩法，培养创新思维。

（1）欣赏传统游戏材料图片，唤起传统游戏经验，激发亲子共同创新游戏材料和玩法的热情。

教师：这些游戏你们玩过吗？认识这些玩具材料吗？能想出更好玩的玩法，设计出更新颖的游戏材料吗？

（2）家长和幼儿共同讨论传统体育游戏材料的创新和制作，以及传统游戏的新玩法。

（3）每班由教师和家长投票推选出4个设计作品，在全园范围内进行评比：特等奖5名，一等奖10名，二等奖20名，优秀奖若干；特等奖作品参与闭幕式展示，并颁发证书。

（家长听取幼儿意见，支持幼儿的想法，注意调整难度，对好的行为和建议给予积极肯定，保护其自尊心和自信心。幼儿积极思考，大胆创新传统游戏的玩法，不依赖家长，能思考并尝试独立完成作品。）

4. 亲子画《好玩的传统游戏》：回忆、表现传统游戏场景，体验作为中国人的民族自豪感。

(1) 教师出示大画布，激发幼儿和家长共同表现传统游戏场景的兴趣。

教师：你们喜欢玩哪些传统游戏？一起讨论一下，把它画下来吧！

(2) 幼儿和家长商讨、选定题材，共同讨论亲子绘画方案，并开始作画。

(3) 举办大型画展《好玩的传统游戏》，幼儿和家长共同欣赏。

（家长引导幼儿回忆游戏经验，提供必要的条件，帮助幼儿实现自己的艺术构想。幼儿大胆进行艺术表现，有困难时可寻求家长的帮助。）

活动延伸

1. 家长带幼儿多参观、游览，开阔视野，了解更多元、丰富的中国传统文化。

2. 家长经常带幼儿进行户外体育锻炼、玩传统游戏，增强幼儿体质，融洽亲子关系。

我是环保小卫士

价值分析

环境保护是人类共同关注的话题，幼儿是未来的主人，同样肩负着环保责任。《指南》在论及3—6岁幼儿的典型表现时，对幼儿提出“在提醒下，能节约粮食、水电”，“爱惜身边的环境，注意节约资源”，“能察觉到动植物的外形特征、习性与生存环境的适应关系”，“初步了解和体会动植物和人们生活的关系”，“初步了解人们的生活与自然环境的密切关系，知道尊重和珍惜生命，保护环境”等合理期望，并相应地对成人提出“要遵守社会行为规则，为幼儿树立良好的榜样，如爱护公共环境、节约水电”，“引导幼儿关注和了解自然、科技产品与人们生活的密切关系，(让幼儿)逐渐懂得热爱、尊重、保护自然”，“根据幼儿的生活经验，和幼儿共同确定艺术表达表现的主题，引导幼儿围绕主题展开想象，进行艺术表现”等教育建议。“我是环保小卫士”这一全园亲子活动，即是根据上述《指南》精神所设计的，旨在让幼儿和家长共同感受环境保护的迫切性和重要性，让幼儿萌发环保意识、产生环保责任感，养成环保自觉行为和习惯，同时增进亲子感情，增进家庭归属感。

活动目标

1. 幼儿发展目标：

(1) 萌发环保意识和责任感，愿意为保护环境贡献自己的智慧与力量。

(2) 积极参与环保实践，能身体力行通过多种方式进行环境保护活动。

(3) 知道环境污染的原因及其带来的不良影响。

2. 家长发展目标：

(1) 积极参与亲子环保活动，增进亲子交流，增强家庭环保意识。

(2) 引导幼儿用多种方式表达自己的环保意愿，并鼓励幼儿大胆交流自己的感想和体会。

(3) 为幼儿树立良好的榜样，关注和引导幼儿在生活中用实际行动保护环境。

活动准备

1. 经验准备：

幼儿有初步的环保认知；家长提前了解亲子环保系列活动的目标及内容。

2. 材料准备：

(1) 教师制订和发放《家长活动须知》。

(2) 各班利用废旧物品制作服装、道具。

(3) 园所内垃圾桶全部更换为可分类垃圾箱，园所内张贴宣传海报，布置环保展示 KT 板等。

3. 场地准备：

以各班组为单位，进行大扫除，做到窗明几净；以班为单位进行环境布置，幼儿园外环境张贴环保宣传画。

活动过程

1. 抢答赛《我是环保小卫士》：共同了解、学习环境保护知识。

教师：地球是我们赖以生存的家园，参与环保是我们共同的责任。今天的亲子抢答赛，要考考大家了解多少环保知识。

(1) 首先在班级内开展竞赛，推选 5 个家庭参加年级组竞赛，评选出年级一、二、三等奖。

(2) 根据不同年龄段幼儿的认知经验，综合环保知识的内容，设置不同的问题库。

（家长带领幼儿共同学习环保知识，结合生活场景培养幼儿爱护环境、节约资源等良好习惯。幼儿积极参与竞赛活动，有良好的心态。）

2. 环保宣传画展《我是环保小卫士》：共同表达对环保的感受和理解。

教师：让我们和爸爸妈妈行动起来，共同绘制环保主题宣传画，号召更多的

人参与到我们的环保行动中来吧！

以班组为单位，展出亲子环保主题宣传画，各年级组评选一、二、三等奖。

（家长与幼儿交流环保宣传的想法，引导幼儿根据生活经验绘制环保宣传画，并予以及时的鼓励和帮助。幼儿大胆进行艺术表现，积极与同伴互动交流。）

3. 亲子环保文化衫创意大赛：共同体验让闲置衣物换新颜的乐趣。

教师：你家的衣柜里有闲置很久不想再穿了的T恤衫吗？快带上它们一同来参加“亲子环保文化衫创意大赛”吧！通过你们的巧思和巧手，赋予它们新的生命吧！期待你们一同走上绚丽的舞台！

(1) 幼儿和家长一起设计制作环保文化衫。

(2) 班级内进行创意环保T恤秀，集体推选5个家庭的作品在全园范围内展示。

（家长与幼儿商量设计方案，鼓励幼儿自主决定。幼儿选用多样的绘制工具，发挥自己的想象力大胆创新。）

4. 环保宣誓：共同增强环保责任感。

幼儿宣誓(誓词)：我是一名环保小卫士，我宣誓，从身边的小事做起；爱护花草树木；节约用水；不浪费粮食；不乱扔果皮纸屑。小朋友们，让我们一起行动起来吧！

家长在环境保护宣传板上签名。

（家长鼓励幼儿遵守誓言，用实际行动保护环境。幼儿提醒家长，做好环境保护。）

5. 环保跳蚤市场：共同树立利用闲置资源、减少购买行为的环保理念，培养社会交往能力。

教师：每个家庭都有许多没有利用起来的物品，我们把它们整理出来拿到跳蚤市场上，通过买卖或者交换的方式，让它们真正地被利用起来！

（家长带领幼儿一同整理家中的闲置物品，分类并贴上价格标签，鼓励幼儿大胆推销、买卖，帮助他们建立初步的交易概念。幼儿体验自主交易的快乐，从中获得自信心和成功感，发展社会交往能力。）

6. 文艺演出《美丽中国，绿色军幼》：通过道具制作或节目编排表现环保主题(附节目单)。

序　号	节 目 名 称	序　号	节 目 名 称
1	低碳贝贝	9	生活交响乐
2	泡泡糖和小女孩	10	给城市妈妈洗个澡
3	呼唤绿阴	11	快乐路途叮铃铃
4	动物大森林	12	水宝宝和花姐姐
5	水桶噜噜噜	13	小水滴的话
6	我的好朋友绿青蛙	14	我爱我家
7	蜻蜓与蝴蝶	15	小手洗洗多干净
8	鱼儿和潜水员	16	环保精灵暨亲子文化衫 T 台秀

（家长积极参与节目排练及表演，与幼儿共同表现环保主题，体验亲子共舞的乐趣。幼儿与家长默契合作，自信参演，文明观演，对演出致以热烈的掌声。）

7. 环保星光之家评选。

教师：在《我是环保小卫士》知识抢答赛、《我是环保小卫士》宣传画展、亲子环保文化衫创意大赛等活动中，每个家庭都积极参与，用实际行动争当环保小卫士。综合系列活动开展情况进行评分，在本次活动中总积分排名第一、第二、第三的家庭为环保星光之家。

（家长引导幼儿在评比活动中用积极、乐观的心态看待成绩，给予获得荣誉称号的家庭热烈的掌声。幼儿在日常生活中继续发扬环保小卫士的精神，坚持不懈保护环境。）

活动延伸

1. 家长和幼儿一起学习有关废物利用的知识，带幼儿参观垃圾回收站，了解垃圾的回收利用。

2. 在生活中，家长鼓励和支持幼儿的环保行动，提倡环保出行；将废旧衣物投放到衣物回收站；收集利用生活中的废旧材料，进行手工制作，变废为宝。

亲子运动会

价值分析

良好的体魄对幼儿的成长至关重要，《指南》中指出，“发育良好的身体、强健的体质、协调的动作能有效促进幼儿身心健康发展”。适宜的锻炼能满足幼儿生

长发育的需要，良好的身体离不开锻炼，而良好的体格又必须从小开始培养。幼儿园亲子运动会不仅能促进幼儿锻炼身体，还能加强亲子互动，有利于促进亲子之间的关系，提高亲子之间的亲密感。

活动目标

1. 幼儿发展目标：

(1) 积极参与集体活动并体验亲子交往的快乐，度过一个幸福、难忘的亲子运动会。

(2) 萌发对体育活动的兴趣和初步的竞争意识，在活动中锻炼钻、爬、跑、跳、抛、投的能力。

(3) 感受与父母或同伴共同克服困难夺得胜利的喜悦，体验体育运动的魅力。

2. 家长发展目标：

(1) 关注幼儿身心的全面发展，鼓励幼儿积极参加体育锻炼。

(2) 感受亲子氛围，体验亲子交流的幸福。

活动准备

1. 经验准备：

(1) 幼儿对运动会的项目有经验准备，知道比赛的规则。

(2) 教师制订和发放《家长活动须知》。

(3) 教师计划、安排好团体项目，如家长拔河比赛、幼儿团体操表演等。

2. 材料准备：

幼儿奖品若干个、拔河绳 1 根、长绳 5 根、短绳 10 跟、皮球 10 个、羊角球 10 个、小沙包 9 个、起点线、终点线、袋鼠袋 9 个、小乌龟高跷 6 个、大沙包 6 个、平衡台 10 个、球 50 个。

3. 场地准备：

(1) 能容纳全园幼儿及家长、教师并开展运动会的场地。

(2) 功能室均可作为项目的比赛场地。

(3) 将场地进行合理分配以满足同时开展 10 个项目之需，并提前布置好比赛场地。

活动过程

1. 家长和幼儿到达会场并到指定位置等候入场。入场后，全体人员站在体育场中间。

(1) 教师宣布运动会开幕。

随着《运动员进行曲》响起，国旗队、彩旗队、裁判组、各年龄班依次走向主席台，在到达主席台前喊出班级口号。出场顺序依次为大班组、中班组、小班组、托班组。

(2) 亲子操展示：教师宣布亲子操表演开始，依次为大班组、中班组、小班组、托班组。

(3) 运动员代表、家长代表、裁判代表讲话。

（入场式由各班级家长牵着幼儿按照出场顺序依次入场并进行亲子操表演。通过团体表演让幼儿充分感受到团体的力量和集体荣誉感。同时，展示自己是一名“小小运动员”的精神风貌，激发幼儿团结友爱、勇往直前的运动精神。）

2. 教师宣布亲子运动会开始。

家长带领幼儿到班级指定的位置进行休整。教师播报项目注意事项，家长带幼儿返场，进入到预先报名的项目处，排队进行各项比赛。

(1) 为保证项目的顺利进行，每位幼儿进行比赛前都需要到裁判处根据登记的名册进行检录。

(2) 主裁判在起点组织幼儿和家长参与活动，第一裁判站在终点记录成绩，第二裁判组织下一组参赛选手作好参赛准备。

(3) 由主裁判现场宣布成绩并发放活动项目纪念品。

(4) 比赛项目：

小脚踩大脚

游戏规则：每次6组家庭参加比赛。裁判发令后幼儿的小脚踩在家长的大脚上面，面对面，手牵手从起点线开始走，绕过前方的折返点，再回到起点线，速度最快者胜。

牵小猪

游戏规则：每次4组家庭参加比赛。幼儿站在起点，手抱篮球，家长在终点手拿呼啦圈。听裁判发令后，由幼儿把球从起点送到终点，然后由家长和幼儿一起用呼啦圈套住球拖回起点，速度最快的一组为胜。

1分钟拍皮球

游戏规则：每次7名幼儿参加比赛，计时1分钟拍球，拍球次数最多者为胜（比赛时间内幼儿可以停下来休息）。

踩高跷

游戏规则：每次5名幼儿参加比赛，裁判员发出“开始”口令后，幼儿脚踩

"高跷"从起点走到折返点再回到起点,速度最快者为胜。

羊角球20米往返跳

游戏规则:每次6名幼儿参加比赛。裁判员发出"开始"口令后,幼儿骑羊角球从起点快速往前跳,最先到达终点者为胜。

长绳

游戏规则:由班级的2名老师负责摇绳,每名幼儿有1次参赛机会,10名幼儿成绩总和为班级成绩,总数最多的班级为胜。

1分钟跳绳

游戏规则:每次5名幼儿参加比赛。计时1分钟跳绳,跳得次数最多者为胜(比赛时间内幼儿可以停下来休息,也可以自备跳绳)。

夹沙包跳

游戏规则:每次8名幼儿参加比赛。幼儿站在起点线上,将一个准备好的沙包夹在双腿中间,裁判员发出"开始"口令后,幼儿快速往前跳,最先到达终点者为胜。

10米袋鼠往返跳

游戏规则:每次8名幼儿参加比赛。幼儿站在袋内,手提袋子向前跳,从起点到往返点再回到起点,最先到达起点者为胜。

亲子平衡台传接球

游戏规则:每次6名幼儿和6位家长参加比赛。比赛前幼儿站在平衡台上双手拿球,裁判员发出"开始"口令后,幼儿将球扔给家长,家长接到球后再扔给幼儿,规定时间内传接次数最多的家庭为胜。

(幼儿和家长事先需要了解游戏规则。在活动中,家长要鼓励幼儿勇往直前,激发幼儿参与活动的积极性,同时也要督促他们遵守游戏秩序。)

3. 教师宣布亲子运动会结束。

教师带全体幼儿做舒展运动,缓解运动后的全身关节和肌腱组织,并提醒家长、幼儿回家路上注意安全。

活动延伸

1. 请家长与园所积极配合,鼓励幼儿在家做力所能及的事情,能对家人的关心帮助及时表达感谢。

2. 引导家长学会表达爱,用抱一抱、说一说、做一做、乐一乐的方式经常与幼儿进行情感互动。并就今天的运动会项目在家与幼儿一同玩耍。平时抽空和幼儿一起做运动。

一样的“六一”，不一样的童年

价值分析

“六一”是孩子们的节日，那一天里孩子们在家人、礼物、美食的陪伴下快乐无比！《指南》在论及3—6岁幼儿的典型表现时，对幼儿提出“愿意与熟悉的长辈一起玩，喜欢和长辈一起交谈，有事愿意告诉长辈”，“长辈讲话时能认真听，并能听从长辈的要求，会用礼貌的方式向长辈表达自己的要求和想法”，“能感受家庭生活的温暖，爱父母，亲近与信赖长辈”，“接纳和尊重与自己生活方式或习惯不同的人”等合理期望，并相应地对成人提出“经常和幼儿一起参加一些群体性的活动，让幼儿体验群体活动的乐趣”，“引导幼儿尊重、关心长辈和身边的人”，“让幼儿理解和体会父爱与母爱”等教育建议。“一样的‘六一’，不一样的童年”这一全园性大型主题亲子活动，即是根据上述《指南》精神所设计的，旨在让幼儿和家长在共同欢度“六一”的过程中，了解彼此童年生活的差异，感受时代的进步与变迁，从而重塑节日价值观，萌发珍惜生活的美好情感，并且增进亲子交流，拉近亲子距离，增强家庭归属感。

活动目标

1. 幼儿发展目标：

(1) 感受不同时代人们生活状态的差异，萌发珍惜美好生活的情感，用实际行动尊重、关心长辈和身边人。

(2) 积极参与并大胆用自己喜欢的方式表达对六一儿童节、童年生活的认知和体会。

(3) 感知、体验、学习参加全园大型集体活动的基本规则。

2. 家长发展目标：

(1) 积极参与亲子“六一”活动，增进亲子交流，增强家庭成员间的相互了解。

(2) 鼓励幼儿积极参加各项节日庆祝活动，并大胆与同伴交流自己的感想和体会。

(3) 关注幼儿情感培养，引导幼儿表达对长辈的尊重和关爱。

活动准备

1. 经验准备：

幼儿知道6月1日是儿童节，有相关的节日活动经历；家长提前了解活动目

标及内容。

2. 材料准备：

(1) 教师制订和发放《活动倡议书》。

(2) 节目表演所需要的服装和道具、“六一”礼品、游戏奖品、证书、评委礼品；公共环境创设图文资料、游戏海报、对外展示 KT 板等。

3. 场地准备：

室内外清洁大扫除，做到窗明几净；公共及室内节日环境布置，宽敞的室外活动场地。

4. 人员分工：

部门及人员安排		负　责　项　目
园长、书记		负责行政人员分工、活动全程整体调度及安排。
教学部门	教学主管	负责活动全程的策划、组织、实施工作，并联系安排露天电影放映事宜。
	美术教师	负责园区公用环境创设、平面宣传。
	教研室人员	进行网络宣传(微信、博客平台)。
	电教员	准备好活动所需要的音、视频资料，并全程拍照、摄像。
	班级教师	发放通知，做好班级幼儿、家长的组织管理工作。
后勤部门	后勤主管	负责物资采购、门卫管理、音响设备的组织管理工作。
	采购员	提前采购活动所需要的各项物资，如游戏材料、幼儿礼品等。
	电工	提前检修，保障音响设备正常使用。
	安保人员	查验入园人员证件、维护活动现场秩序。
卫生保健部门	卫生保健主管	负责卫生清洁、保健护理、医疗保障组织管理工作。
	保健人员	准备简单的医疗用具，负责活动中的保健巡视工作。
	保育教师	做好本班级卫生清洁工作，协助做好班级幼儿、家长的组织管理工作。
	卫生员	做好教学楼公用区域清洁卫生工作。
	花工	做好园区花草修剪、户外公共区域卫生清洁工作。

活动过程

活动前

1. 制订方案：

(1) 方案初定：召开行政会议，确定活动主题及形式；教学主管形成初步方案。

(2) 方案讨论：组织教师、保健人员、家委会代表召开“一样的‘六一’，不一样的童年”全园亲子活动专题研讨会，听取各方意见，修订完善亲子活动方案。

(3) 方案通过：教学主管根据研讨会讨论情况修订亲子活动方案，交由园长审核，园长提出实施意见，最后定稿；组织全体人员学习方案，并分工准备。

2. 实施前准备：

(1) 园内场地准备：安排适宜的亲子活动场地、休息区域，上下楼人员分流安排；做好环境创设，如悬挂彩旗、宣传条幅等，营造活动气氛。

(2) 物品准备：教学部门提出所需物品清单交后勤部门，由后勤部门负责在活动前三天采购到位，并在入库登记后按计划分配至各部门。教学主管联系电影公司，商定好影片播放事宜。班级教师事先联系好亲子故事讲述参与者，审定内容、告知时间；规划好游戏活动场地；准备亲子活动材料（如祖孙三代童年的照片等）及游戏材料（如沙包、呼啦圈、橡皮筋、手绢等），排练好班级节目。保育教师准备好充足的生活用品（如纸巾、便纸、袋子等）。保健医生准备外伤、止血等医药用品。

3. 拟定发放活动倡议书：

(1) 活动倡议书：由园方统一印发，明示活动意图、时间、地点、内容、注意事项等（见附 1：活动倡议书）。

(2) 活动回执：活动计划以倡议书形式告知家长，内附回执，预先了解家长的参与情况（见附 2：回执；附 3：安全协议）。

活动中

1. 主题展览《一样的“六一”，不一样的童年》：感受不同时代人们生活状态的差异（见附 4：活动展板）。

教师：每个人都有属于自己的童年，你知道爷爷奶奶、爸爸妈妈的童年是什么样的吗？他们小时候玩的游戏、吃的食物、学习用品和我们的有什么不一样呢？

教师引导幼儿和家长观看展览，共同分享彼此的童年趣事，感受不同时代人们生活状态的差异。

（家长带领幼儿收集、观看祖孙三代童年的照片、生活物品、游戏玩具等，增进对亲人的了解，鼓励幼儿积极表达自己的观后感。幼儿观察发现自己与长辈童年生活的差异，表达自己的理解和感想，懂得珍惜来之不易的美好生活。）

2. 主题故事会：了解长辈的童年生活经历。

教师：小朋友们，你们知道爷爷奶奶的童年生活是什么样的吗？我们一起来听一听吧！

(1) 听离退休老红军、老干部来园讲他们的童年生活和战斗故事，感知、珍惜幸福生活来之不易，尊重并感激创造幸福生活的人们。

(2) 听爷爷奶奶讲他们的童年生活和学习故事，了解长辈们的童年生活状态，萌发珍惜美好生活的情感。

（家长引导幼儿说一说听祖父辈童年生活经历的体会，鼓励幼儿用清晰、完整的语句表达自己的想法。幼儿认真倾听并主动与家长交流倾听故事后的感想，萌发关注周围人生活状态的意识。）

3. 露天观影：体验长辈的童年生活，增进亲子情感(见附5：观影券)。

教师：小朋友们，你们喜欢看电影吗？你们知道爷爷奶奶和爸爸妈妈他们小时候是怎样看电影的吗？

(1) 小班观看充满童趣的水墨动画电影《小蝌蚪找妈妈》，体会爱妈妈、爱家人的美好情感。

(2) 中、大班幼儿观看抗日题材的动画电影《小兵张嘎》，萌发爱国、爱家的美好情感。

（家长引导幼儿了解露天电影的特点，交流探讨电影内容，并与幼儿分享自己儿时观看露天电影的美好回忆。幼儿认真观影，感受其中的乐趣，并与家长交流，表达观影心得，增进亲子感情。）

4. 庆“六一”文艺演出喜乐会：表达共度节日的喜悦之情。

（家长自愿报名，根据家庭成员的兴趣爱好编排节目，展现和谐美满的幸福生活。幼儿认真观演，注意观演礼仪，及时给予表演者掌声。）

节　目　单

序　号	节　目　名　称	表演者
1	开场舞《开心锣鼓敲起来》	亲子
2	双人舞《月亮走我也走》	幼儿
3	歌曲串烧《快乐的“六一”》《国旗国旗红红的哩》《和爸爸妈妈比童年》《娃哈哈》	幼儿
4	家长合唱《童年》《让我们荡起双桨》	家长
5	三句半《一样的“六一”，不一样的童年》(见附6)	亲子
6	配乐诗歌朗诵《童年》	亲子
7	舞蹈《童年的舞会》	亲子

5. 庆“六一”传统游戏喜乐会：体验亲子共同游戏的乐趣。

教师：小朋友，你们知道爷爷奶奶、爸爸妈妈他们小时候喜欢玩什么游戏吗？让我们加入到他们的童年游戏中吧！

(1) 室内游戏项目：斗鸡、丢沙包、转呼啦圈、踢毽子、抓石子、拍纸板、石头剪刀布、我们都是木头人。

(2) 户外游戏项目：滚铁环、我们邀请一个人、系红领巾、踩高跷、抬花轿、跳房子、打陀螺。

（教师鼓励家长积极参与传统游戏，与幼儿亲密互动，营造亲子亲密互动的氛围。幼儿遵守游戏玩法和规则，体验传统游戏的乐趣。）

活动后

1. 家庭拓展活动：

(1) 加强祖孙三代之间的情感交流，建立亲密的亲子关系。

(2) 家长与幼儿共同讲述自己的童年趣事，萌发珍惜生活的美好情感。

2. 园所后续活动：

(1) 召开园内总结会，对亲子活动实施情况进行全面评估，总结有益经验，查找问题原因；教学、后勤、卫生保健三部门对突出问题进行研究，寻找解决对策，形成书面报告。

(2) 通过访谈或问卷的方式了解家长意见、幼儿活动情况以及身体状况等(见附7：家长问卷)。

(3) 将活动用品进行整理，归类定点存放。

(4) 将所有活动方案、过程记录、活动总结等文件整理存档。

附1

“一样的‘六一’，不一样的童年”活动倡议书

各位尊敬的家长、亲爱的孩子们：

万木葱茏、群芳斗艳，沐浴在5月的春色中，期盼已久的六一国际儿童节即将到来。在此，衷心地祝愿亲爱的孩子们节日快乐，健康成长！

童年是一幅美丽的画，童年是一首动听的歌，童年是开怀的欢笑，童年是美味的棒棒糖，是每个人人生旅程中历久弥新的美好回忆……

敬爱的爷爷奶奶，亲爱的爸爸妈妈，让我们一起投身于今年这个充满怀旧与感动的六一儿童节吧！让我们和孩子们一起坐在小板凳上回味儿时看露天电影时的兴奋与期待；让我们一起挥动手中的鞭子，让小小的陀螺转起来；让我们一

起迈开步伐，让小小的铁环滚动起来吧！

“一样的‘六一’，不一样的童年”，今年“六一”有您更精彩！

活动目标

1. 欢庆六一儿童节，营造欢乐共享、自由开怀的节日气氛。

2. 创设多元展示平台，展示幼儿、家长和教师的风采。

3. 增进家园、亲子之间的沟通与了解，激发家长参与幼儿园活动的热情。

活动内容

1. “一样的‘六一’，不一样的童年”主题教育周。

内容：以了解祖、父、孙三代生活为主要内容，开展相关的主题教育，让幼儿感知时代的进步与变迁，增进对亲人的了解和情感。

2. “一样的‘六一’，不一样的童年”中、大班主题故事会。

内容：邀请家长讲童年生活和学习的故事，让幼儿感知幸福生活来之不易，增进亲子之间的了解，加深亲子感情。

3. 露天观影活动。

时间：视天气情况分别在两晚进行，晚7:00开始(具体时间另行通知)。

内容：

(1) 中、大班幼儿与家长在操场观看露天动画电影《小兵张嘎》，接受爱国主义教育，萌发爱国、爱家的美好情感。

(2) 小班幼儿在操场观看露天水墨动画电影《小蝌蚪找妈妈》，留下美好的童年回忆。

4.《一样的“六一”，不一样的童年》主题展览。

内容：对比展示祖辈、父辈以及幼儿在生活(衣、食、住、行)、学习(学校、教室、文具)、娱乐(节日、游戏)等方面的不同，让幼儿感知时代的进步与变迁，唤起家长的情感共鸣，增进家园、亲子之间的了解。

5. 庆“六一”文艺演出喜乐会。

内容：家长和幼儿编排节目表演，共庆节日。

6. 庆“六一”传统游戏喜乐会。

内容：幼儿和家长开展民间游戏和竞赛，共享快乐的节日气氛。

(1) 室内游戏项目：斗鸡、丢沙包、转呼啦圈、踢毽子、抓石子、拍纸板、石头剪刀布、我们都是木头人。

(2) 户外游戏项目：滚铁环、我们邀请一个人、系红领巾、踩高跷、抬花轿、跳房子、打陀螺。

注意事项

1. 接到通知后，请您根据实际情况填写《回执》和《安全协议》，并及时交回至班级教师处。

2. 活动期间，请您听从教师安排，教育幼儿有序参与活动，不拥挤、不追跑、不打闹，爱护公共环境，不随地扔垃圾，并给孩子做出良好的示范和榜样。

3. 请您照看好孩子并注意自身的安全。

4. 活动期间，请您保持手机畅通，有特殊情况及时与教师联系。

×××幼儿园

年　　月　　日

附 2

回　执

幼儿姓名		班　　级	
您是否参加此项活动？（请按意愿填写“自愿参加”或“不参加”）			
参与家长		与幼儿关系	
说明	此活动由园方发起，由家长按意愿决定是否参与。 活动过程中，家长须看护好自家幼儿，全程负责幼儿和自身的安全。如有任何安全意外，自行承担责任。 为保证活动顺利开展，请由父母亲自参与活动。如因特殊情况需祖辈参与，请签订《安全协议》。		

附 3

安 全 协 议

__________班幼儿_______，因特殊原因，父母不能参加“六一”系列活动，特委派孩子的______（请填祖辈姓名及与幼儿关系）参与活动，全程负责幼儿和自身的健康和安全。如发生任何健康问题及安全意外，由本人家庭自行承担责任。

幼儿家长：

×××幼儿园

年　　月　　日

附 4

活动展板

一样的"六一"，
不一样的童年
卷首语
你有一个童年的梦，
我有一个童年的梦，
用心听，那是外公外婆唱过的歌，
用心看，那是爷爷奶奶走过的路，
那条路，爸爸在走，我在走，
那首歌，妈妈在唱，我在唱，
……
童年就像一串串五彩斑斓的珍珠，
每颗珍珠都是我们流光溢彩的故事；
童年就像一颗颗璀璨明亮的星星，
每颗星星都是我们纯真无暇的记忆；
黑白照片，留存下了过去的童年生活，
彩色录影，定格下了新一代的童年记忆。
生命的起源，在呱呱坠地中血脉相传，
生命的延续，在亲情童意里源远流长；
童年的梦，七彩的梦；童年的歌，欢乐的歌！
亲爱的孩子们，
让我们携手亲爱的爷爷奶奶、外公外婆，爸爸妈妈，
一起重温童年的美好回忆
……

爷爷奶奶童年时的快乐游戏
爷爷奶奶的童年学习和生活

爸爸妈妈童年时的快乐游戏
爸爸妈妈的童年学习和生活

爸爸妈妈小时候乘坐的交通工具
爸爸妈妈童年时吃过的美

我们童年的学习与生活
我们童年玩的游戏和玩具

我们的童年吃过的美食
我们小时候乘坐的
交通工具

附 5

观　影　券

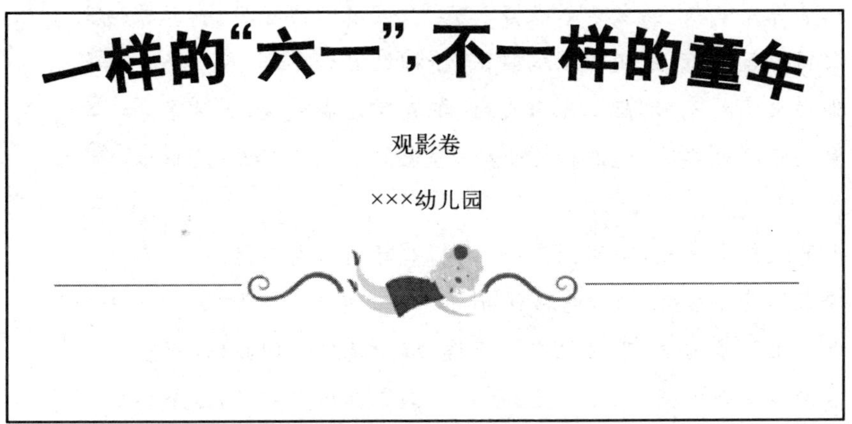

附 6

一样的“六一”，不一样的童年

——三句半台词

为庆“六一”台上站，表演节目三句半，你来我来大家来，试试看。
小朋友们等啊等，爸爸妈妈盼啊盼，爷爷奶奶瞧呀瞧，瞧啥？
露天电影真好看，童年故事真好听，你乐我乐他也乐，乐翻天。
嘻嘻哈哈真热闹，老老少少齐上阵，欢聚一堂笑开颜，“六一”到。

平时没有表演过，登上台来腿打颤，忘了台词怎么办？何得了咯！
在座老师真不少，叫声园丁辛苦了，先给你们敬个礼，老师好！
各位家长大家好，欢迎今天来指导，不管说得好不好，您莫跑！
台上站着三代人，说起“六一”齐欢笑，这样的快乐真不少，好韵味滴！

爷爷奶奶真慈祥，唱歌跳舞打太极，吃嘛嘛香睡得好，倍儿棒；
说起童年不简单，上山砍柴打猪草，边放牛来边放羊，不容易。
破草房是教室，墙缝儿见弯月，煤油灯闪星光，了不起。
烂木板当桌椅，小石子是粉笔，土砖墙是黑板，太艰难。
树根草皮是零食，野菜果子难咽下，粥儿几乎全是水，填肚子。
敲锣打鼓来过节，补丁衣裳身上穿，虽然不是新衣服，很温暖。

爸爸妈妈新一代，车儿开在马路上，冬暖夏凉空调房，真舒服。
说起童年多欢乐，铁环滚得呼呼转，橡皮筋石子花样多，真好玩。
红墙绿瓦新教室，大喇叭歌声真嘹亮，风扇转得呼拉响，真凉快。
白衬衣蓝裤子，红领巾儿胸前飘，精神抖擞好年华，人人夸。
小书桌真神气，作业本儿白又白，钢笔字儿刷刷响，文具多。
冰棍雪糕透心凉，泡泡糖儿吹得大，米泡果儿真正香，流口水。

小朋友们多幸福，全家围着一人转，心肝宝贝爱不停，小祖宗。
现在的童年很 happy，电脑 iPad 真齐全，游戏玩得数第一，太牛啦！
电梯上楼多方便，不管住在第几楼，瞬间就到家门口，速度快。
哈伦裤儿纱纱裙，王子公主齐相会，钢琴奏出美妙音，过节咯！
主题公园过“六一”，主题餐厅过生日，礼物堆得像座山，爱心浓。
巧克力蛋糕香，果味酸奶营养多，再来一个曲奇饼，太丰富了。

爷爷奶奶了不起，为了我们的新生活，从小开始挑大梁，杠杠滴！
咱爸咱妈是模范，吃苦耐劳创先锋，峥嵘岁月谱华章，非一般。
一代一代又一代，青出于蓝胜于蓝，祝福我们的新一代：
吃好喝好身体好，玩好乐好学习好；祖国的花朵更灿烂，祖国的明天更美好！
祝大小朋友们节日快乐。
齐：金色童年尽畅想，收起锣鼓齐退场。

附 7

“一样的‘六一’，不一样的童年”家长问卷

<table>
<tr><td>幼儿姓名</td><td></td><td>班　　级</td><td></td></tr>
<tr><td>参与家长</td><td></td><td>活动时间</td><td></td></tr>
<tr><td colspan="4">亲爱的家长朋友，“一样的‘六一’，不一样的童年”活动圆满结束了，感谢您在此期间的支持与配合。为了更好地开展下次活动，我们需要您提供本次活动的反馈。
1. 您认为此次活动中哪个环节最精彩？</td></tr>
</table>

（续表）

2. 您认为此次活动中哪个环节需要改进？ 3. 您参加此次活动的收获是什么？ 4. 您在活动过程中需要得到老师哪些方面的指导？ 幼儿家长： ×××幼儿园____班 年　　月　　日

三、结合幼儿身心发展特点开展的全园亲子活动

书香溢满园

价值分析

新西兰教育家多罗西·怀特说："儿童读物是孩子在人生道路上最初看到的书，是人在漫长的读书生涯中所读到的书中最重要的。一个孩子从阅读中体会到多少快乐，将决定他的一生是否喜欢读书。"

《指南》中明确指出，要为幼儿提供良好的阅读环境和条件，激发幼儿的阅读兴趣，培养阅读习惯。养成良好的阅读习惯，有助于幼儿形成良好的品格和健全的人格。3—6岁是语言发展的关键期，是一生不可错过的"黄金阅读期"，为此我们举办"书香溢满园"阅读节亲子主题活动，帮助幼儿养成多读书、乐读书、读好书的习惯；同时也旨在提高家长对早期阅读重要性的认识，提升家长的阅读指导能力，改善家庭的阅读环境，实现家园合作，让每个幼儿都爱上阅读，在"悦"读中健康快乐地成长。

活动目标

1. 幼儿发展目标：

（1）萌发阅读的兴趣，体验阅读的乐趣。

（2）学习正确的阅读方法。

（3）接触优秀儿童文学作品，养成良好的阅读习惯，学会与他人分享。

2. 家长发展目标：

(1) 了解早期阅读的重要性和必要性，提高阅读指导能力，增进亲子之间的感情。

(2) 知道家庭开展早期阅读的深远意义，学习培养幼儿阅读兴趣和能力的方法。

活动准备

1. 经验准备：

幼儿有早期阅读的经验。

2. 材料准备：

(1) 教师制订和发放《家长活动须知》。

(2) 教师准备适合本班幼儿年龄阶段的绘本；奖状、奖品、服装道具、宣传展板。

3. 场地准备：

教师提前与少儿图书馆负责人协调好，确定参观时间。

活动过程

1. 感受书香氛围：参观少儿图书馆，萌发阅读的兴趣。

(1) 上午8:00在幼儿园操场集合，8:30准时出发，共同前往少儿图书馆。

(2) 到达目的地，教师组织幼儿点名签到，宣布活动时的规则与要求。

(3) 幼儿认真听馆长介绍，了解图书馆的文化，分组参观少儿绘本馆和少儿体验馆，自由感受图书文化。

(4) 教师组织"和爸爸妈妈同看一本书"的活动，引导幼儿在集体面前讲述故事。

活动要求：第一，家长与幼儿共同挑选一本绘本。第二，家长和幼儿共同阅读绘本，理解故事内容。第三，家长和幼儿轮流讲述故事。

(5) 教师组织家长引导幼儿讨论并总结此次参观活动。

(教师应指导家长全程参与，享受温馨的亲子阅读时光；引导家长在参观时运用提问、交流等方式去激发幼儿对图书的兴趣，感受"书中自有黄金屋"的道理。家长应根据教师的建议，在参观图书馆时，利用多种方法让幼儿爱上图书馆，激发幼儿阅读的兴趣，满足幼儿的学习欲望与好奇心。)

2. 感受书香熏陶：开展晨间阅读活动，养成良好的阅读习惯。

(1) 家长与幼儿提前挑好绘本并带来幼儿园，教师对绘本进行编码，放在阅读区相应的位置。

(2) 每周早上7:30,幼儿入园开展晨间阅读活动。

(3) 幼儿认真阅读并与组内同伴交流讨论故事内容,教师巡回观察与指导。

(4) 每周五离园活动时间,教师组织幼儿开展谈话活动"我爱看的一本书",鼓励幼儿大胆讲出"我爱看的一本书"的名称,并说出喜欢的理由。

(从晨间阅读活动开始,引导幼儿一步一步爱上阅读,养成良好的阅读习惯。绘本选择对于幼儿早期阅读有着重要影响,家长与幼儿在挑选绘本时,要根据幼儿的兴趣、年龄特点及现阶段阅读水平来选择。这个年龄段的幼儿选择书籍时主观判断不够,家长应承担引导者的角色,教师也可适当给予专业性指导,帮助他们选择合适的图书。)

3. 体验书香乐趣:设计阅读节海报,提高幼儿的动手能力。

(1) 家长和幼儿共同设计制作阅读节海报。

(2) 幼儿在集体面前展示作品,阐述设计的理念。

(3) 开展全园"书香小报展",让阅读成为一种文化,让幼儿间相互交流与学习成为习惯。

(4) 园内进行"书香小报评比活动"。

(在设计海报前,教师可利用教学活动和餐前活动的时间,以"我来设计海报"为主题与幼儿谈话,交流创作想法,帮助他们把自己的想法体现到海报中,并引导他们在设计时学会与爸爸妈妈交流讨论实施细节;教师可提供模板,让家长与幼儿有努力的方向。家长鼓励幼儿自主完成任务,在必要时伸出援助之手,但不包办代替。对于中、大班较有主见的幼儿,家长应给予独立思考的空间,并充分相信其有独立完成的能力,做好幼儿的合作者。)

4. 共享书香之美:图书漂流活动,学会与他人交流分享。

(1) 幼儿园按照幼儿年龄特点将书籍分发到各个班级,成为读书漂流活动的资源。教师事先给每本书做好漂流标签,每过一个月,班级之间进行交换。

(2) 本月图书漂流活动中,选出最受幼儿欢迎的图书,在班级宣传栏或者全园进行好书分享。

(教师为幼儿营造浓郁的阅读氛围,让幼儿与经典好书交朋友,爱上阅读,也让更多的家长参与亲子阅读。家长带领幼儿一起为参加幼儿园漂流活动的图书制作标签,写好班级、姓名及推荐理由。)

5. 感受书香文化:参与表演活动,大胆自信地展现自我。

(1) 年级组、班级组进行活动筹备工作,组织幼儿排练。

具体安排：

小班讲故事比赛：幼儿在家长的指导下选择故事，并能生动、有声有色地讲述故事（班级组进行讲故事比赛活动）。

中班童话剧表演：在教师的引导下，幼儿接触优秀的文学作品，用生动的形象、夸张的动作、喜欢的艺术形式进行表演（班级组集体出演）。

大班古诗吟唱表演：老师组织幼儿通过多种形式学习古诗，让幼儿感受古诗的魅力，从而达到最佳表演状态。

（2）各年级开展多元表达表演活动，邀请家长出席。

表演形式：分班级开展，家长应邀出席。

（教师为幼儿提供一个展现自我的舞台，提高幼儿的综合素质；比赛为幼儿营造一个学说话、敢说话、会说话、勇于表达的语言氛围。

家长配合幼儿完成教师布置的任务，鼓励幼儿克服困难，坚持完成表演和比赛活动。）

6. 表彰书香活动明星：评选读书之星，感受阅读的重要性。

（1）进行读书明星评选，每班选出 5 位读书明星。

（2）进行书香家庭评选，每班选出 3 个书香家庭。

（3）园内组织颁奖活动。

（在活动中，教师要引导幼儿感受到阅读的重要性，让幼儿能够重视，从内心喜欢上阅读，明白阅读带来的好处。家长作为幼儿成长的灯塔，要为幼儿指明正确的方向。）

7. 牢记书香精神：展示阅读节活动成果，体验阅读的乐趣。

（1）全园及各班进行阅读节闭幕式，回顾成长与收获之路。

（2）分年级展示阅读节活动成果。

（阅读节不是流于形式，阅读应该融入我们的生活。通过闭幕式及教师小结，让幼儿明白阅读节只是一种推动的形式，阅读应成为一种习惯，读书应成为我们生活的一部分。教师进行小结时，可组织幼儿讨论：你学到了什么？喜欢阅读吗？为什么？家长应表扬幼儿在阅读节的表现，并改善家庭的阅读环境，提高自身的阅读指导能力，培养幼儿良好的早期阅读行为习惯。）

活动延伸

1. 活动时间为一个月，建议结合“世界阅读日”来宣传开展。

2. 本次活动的重点是萌发幼儿的阅读兴趣，引导他们体验阅读的乐趣，学

习正确的阅读方法，养成良好的阅读习惯；难点是引导幼儿学会与他人分享，并在表演活动中大胆自信地展现自我。

3. 活动后，教师与家长继续带领幼儿养成良好的阅读习惯，让阅读成为园内文化。

小小手，大大爱

价值分析

《指南》在社会领域的子领域——“人际交往”中提出，幼儿应“关心尊重他人”，且不仅能关注别人的情绪和需要，还能给予力所能及的帮助。“人际交往和社会适应是幼儿社会学习的主要内容，也是其社会性发展的基本途径。幼儿在与成人和同伴交往的过程中，不仅学习如何与人友好相处，也在学习如何看待自己、对待他人，不断发展适应社会生活的能力。良好的社会性发展对幼儿身心健康和其他各方面的发展都具有重要影响。”

而现在的幼儿，大多数都是独生子女，集所有家长关爱于一身，习惯了所有人的宠爱，特别容易自以为是，认为自己很了不起，认为自己比其他人重要，可以为所欲为。生活在这样的环境里，幼儿眼里只有自己没有他人，是再自然不过的。以自我为中心的幼儿，会发展出自私的性格特点，事事只考虑自己而不顾及他人的感受。并且由于没有兄弟姐妹，独生子女习惯了独自占有，从心底里抵制与他人分享，也不懂得理解别人，关爱他人，只知索取爱而不知付出爱。

为了帮助他们培养良好的性格，家庭、幼儿园和社会应共同努力，为幼儿创设温暖、关爱、平等的家庭和集体生活氛围，建立良好的亲子关系、师生关系和同伴关系，让幼儿在积极健康的人际关系中获得安全感和信任感，发展自信和自尊，在良好的社会环境及文化熏陶中学会遵守规则，形成基本的集体认同感和归属感。

活动目标

1. 幼儿发展目标：

(1) 感受身边人对自己的关爱，萌发帮助他人的情感。

(2) 能大胆地与人交流、表述自己的情感，能通过自己的方式去帮助需要帮助的人群。

(3) 了解自己的成长故事，知道自己的成长离不开周围的人帮助。

2. 家长发展目标：

(1) 关注每一时刻幼儿的点滴变化，创造不同的互动方式，营造轻松愉悦的亲子氛围。

(2) 成人以身作则，以尊重、关心的态度对待自己的父母、长辈和其他人。

(3) 引导幼儿尊重、关心长辈和身边的人，尊重他人劳动及成果，鼓励幼儿用自己的方式，去帮助生活周围需要帮助的人群。

活动准备

1. 经验准备：

幼儿基本了解自己的成长过程。

2. 材料准备：

(1) 教师制订和发放《家长活动须知》。

(2) 调查表、颜料、画笔、颜料盘、蜡笔、水彩笔、白纸、水粉纸、水彩纸、画展板。

3. 场地准备：

教师事先将班级内场地空出来，保证家长和幼儿有充足的活动空间。

活动过程

1. 亲子交流：帮助过我的人。感知自己的成长离不开周围人的关心和帮助。

(1) 亲子谈话，知道从出生到现在哪些人帮助过自己。

教师：在成长的过程中，你知道生活周围哪些人给予过你帮助吗？

(2) 亲子交流：幼儿园的一日生活。感恩幼儿园食堂的叔叔阿姨、保健医生、保安叔叔以及老师。

教师：在幼儿园度过的健康快乐的每一天，都有很多人在为我们服务，你知道他们是谁吗？

梳理小结：从出生到现在，家人给予我们无微不至的关怀与照顾，清洁工人给了我们一个美好的环境，解放军叔叔给了我们一个安定的家园等。在幼儿园的一日生活中，食堂的叔叔阿姨为我们做可口的饭菜，门卫叔叔保障幼儿园的安全，医生阿姨每天为我们做健康检查，老师教会我们许多本领，他们都是在我们生活中，对我们成长有帮助的人。

(教师鼓励家长和幼儿手牵手，面对面，引导幼儿说出平日生活中哪些人给予过幼儿帮助，在幼儿园的一日生活中，又获得了哪些人的帮助，并进一步指导家长了解该年龄段幼儿语言发展水平和环节活动目标。教师及时肯定和鼓励互动好的家长和幼儿。)

2. 亲子大调查：需要我帮助的人。发现生活周围需要我们帮助的人。

(1) 亲子谈话：知道生活周围哪些人需要我们的帮助。

教师：我们接受过这么多人的帮助，那你知道我们生活周围哪些人需要我们的帮助吗？

(2) 幼儿运用已有经验讲述，大胆表述被他人帮助和帮助他人的感受。

教师：你们有没有帮助过别人？帮助过谁？他发生了什么事需要你的帮助？你是怎样帮助他的？你的心情是怎样的？

(3) 亲子走访：调查需要帮助的人群有哪几类？

（教师指导家长在活动前做好调查表，引导家长观察幼儿在调查活动中的表现，关注幼儿对周围人群的观察力和与人沟通时的语言表达能力。教师要及时鼓励羞涩胆小的幼儿，激励他们勇敢表达，表扬行动力与观察力强的幼儿，以示对其的肯定。）

3. 亲子献爱心：根据调查结果，以实际行动帮助他人。

(1) "三个一"爱心捐赠：通过"一本书""一件衣服""一件玩具"的爱心捐赠活动，帮助贫困地区的孩子。

教师：还有许多我们没有去过的地方，那些地方特别贫困，那里的孩子缺少书本、衣服、玩具，我们可以怎么帮助贫困地区的孩子呢？

(2) "三个走入"：走入养老院，走入福利院，走入聋哑学校，用自己的方式帮助他人。

教师：面对生活周围这些需要我们帮助的人，你想通过什么方式去帮助他们？

（教师要鼓励家长引导幼儿通过自己的方式，去帮助生活周围需要帮助的人，并且鼓励幼儿用多种方式去表达，可以是送物资、表演节目、陪伴等；鼓励家长细心观察幼儿在帮助生活周围人时的表现，并及时给予鼓励与肯定幼儿。教师要引导幼儿，在帮助别人的时候敢于表现，大胆表达自己的情感，并且能友好地问候他人。）

4. 亲子主题画展："小小手，大大爱"。表达关爱他人的美好情感。

(1) 亲子谈话：回顾幼儿是如何帮助他人的，选择以其中一件事情为主题用绘画来表现。

教师：我们通过自己的方式帮助了生活周围需要帮助的人，哪件事请是你最想画出来的，为什么？你想怎么画？

(2) 教师将画好的作品统一贴在画板上，进行"小小手，大大爱"的亲子主题画展活动。

（教师鼓励家长引导幼儿梳理所要画的情节，大胆尝试用多种形式进行作画。教师要引导幼儿遵守画展的纪律，引导幼儿礼貌又大胆地向他人介绍自己的作品。）

活动延伸

1. 在平时生活中，家长要大胆表达对幼儿的爱，同时引导幼儿大胆表述自己的情感，多给幼儿自己动手的机会，让他们做自己力所能及的事情，感受帮助他人的快乐。

2. 家长应安排时间多带幼儿出去走走，多与幼儿交流沟通，引导幼儿思考还可以通过什么方法和途径帮助需要帮助的人，还有哪些人需要我们的帮助，并且将其付诸行动。

附：调查表

生活中需要帮助的人

需要帮助的人				
我是如何帮助他们的？				

调查人：______

参 考 文 献

[1] 陈鹤琴.家庭教育[M].北京：中国致公出版社，2001.

[2] 陈先珍，于冬青.家长参与幼儿园教学活动的现状调查与对策分析[J].幼儿教育(教育科学版)，2007，10：57.

[3] 陈幸军.幼儿教育学[M].北京：人民教育出版社，2010.

[4] 常敬.中美高校开放教育资源建设比较研究[D].济南：山东师范大学，2013.

[5] 范兆雄.课程资源概论[M].北京：中国社会科学出版社，2002.

[6] 何秀英.关于幼儿园亲子活动教育价值的思考[J].教育导刊，2005，3：54.

[7] 黄菊芳.幼儿园课程资源开发利用初探[J].学前教育研究，2007(7－8)：71－72.

[8] 韩幼萍.大型户外亲子活动与提高婴幼儿家长教养水平[J].宁波大学学报(教育科学版)，2008，2：142.

[9] 韩波.孝心传承爱满天下——连云港市商业幼儿园亲子活动集锦[J].早期教育(家教版)，2010，12.

[10] 孔敏.农村幼儿园课程资源开发与利用研究[D].新乡：河南师范大学，2013.

[11] 教育部基础教育司.《幼儿园教育指导纲要(试行)》解读[M].南京：江苏教育出版社，2002.

[12] 教育部师范教育司.课程资源的开发与利用[M].北京：高等教育出版社，2004.

[13]《教育学术月刊》课题组.和谐的亲子活动是培养留守儿童良好个性的教育之道——对百余位留守儿童两年教育的实验研究报告[J].教育学术月刊，

2010,1：29.

[14] 凯西・西尔瓦.学前教育的价值[M].余有珍等译.北京：教育科学出版社，2011.

[15] 刘炎.亲子游戏的特点、意义与策略(上)[J].幼儿教育，1996，5：5.

[16] 刘炎.亲子游戏的特点、意义与策略(下)[J].幼儿教育，1996，6：9.

[17] 刘炎.儿童游戏通论[M].北京，北京师范大学，2008.

[18] 李生兰.幼儿园与家庭、社区合作共育的研究[M].上海：华东师范大学出版社，2003：76－77.

[19] 李生兰.学前儿童家庭教育[M].上海：华东师范大学出版社，2010.

[20] 李生兰.比较学前教育[M].上海：华东师范大学出版社，2010.

[21] 李丹.关于幼儿园亲子活动现状分析及思考[J].新西部，2008，8：172.

[22] 卢术夷，林民芳.幼儿园亲子活动设计与指导的实践探索[J].学前课程研究，2009，7－8：61.

[23] 林崇德.发展心理学[M].北京：人民教育出版社，2009.

[24] 李冰.幼儿园亲子活动探讨[J].学生之友(小学版)，2010，8：52.

[25] 李季湄，冯晓霞.《3—6岁儿童学习与发展指南》解读[M].北京：人民教育出版社，2013.

[26] 马克思，恩格斯.马克思恩格斯全集(第19卷)[M].北京：人民出版社，1963.

[27] 么娜.浅谈幼儿园亲子活动的组织策略[J].教育导刊，2011，4：57.

[28] 孙艳华.幼儿园课程资源的开发与利用[J].学前教育研究，2007(3)：15－16.

[29] 沈健成.学前教育学[M].上海：复旦大学出版社，2008.

[30] 宿红玲，陶金玲.幼儿园亲子游戏的特殊性[J].幼儿教学研究，2010，2：45.

[31] 唐松梅.开展亲子活动架构合作之桥[J].幼儿教育，2004，9：45.

[32] 屠小丽.寄宿制学校亲子教育谈[J].班主任之友(小学版)，2009，7：7.

[33] 吴刚平.课程资源的理论构想[J].教育研究，2001(9)：58－63.

[34] 王超琼.家庭是幼儿园重要的合作伙伴[J].早期教育，2002，5：18.

[35] 汪光珩，李燕.家庭系统对学前儿童亲子互动的影响研究[J].幼儿教育，2010，9：2.

[36] 王春柳.亲子乐园给家长上堂课[J].家庭(育儿)，2003，6：35.

[37] 王晓樊.我国幼儿园科学课程资源开发利用的研究综述[J].基础教育研究,2013(6):57-59.

[38] 冼春菊.家园联手共建亲子教育机制新模式[J].现代阅读,2011,7:67.

[39] 尹芳.重庆市主城区幼儿家庭亲子游戏现状的研究[D].重庆:西南师范大学,2003.

[40] 尹芳.国外亲子游戏研究综述[J].教育导刊(幼儿教育),2006(9):56-58.

[41] 杨桂敏.日本 PTA 的经验及启示[J].日本问题研究,2004,2:41.

[42] 杨焕兰.中德幼儿园教育之比较研究[J].基础教育参考,2008,6:42.

[43] 虞永平.生活化的幼儿园课程[M].北京:高等教育出版社,2010.

[44] 詹姆士·约翰逊等.儿童游戏——游戏发展的理论与实务[M].郭静晃译.台北:扬智文化公司,1993.

[45] 周蔚涛.幼儿园如何开展亲子活动[J].幼儿教育,1999,9:13.

[46] 朱瑶.亲子活动 ABC[J].幼儿教育,2004,10:23.

[47] 褚海英.大型亲子活动的设计和组织[J].好家长,2008,z1:85.

[48] 张玲.家园互动之亲子活动[J].好家长,2009,z1:78.

[49] 周采.比较学前教育[M].北京:人民教育出版社,2010.

[50] 张子生.对亲子活动中所存在问题的思考[J].吉林教育,2010,8:113.

[51] 朱漫颖.浅论亲子教育活动[J].新西部,2010,20:159.

[52] 中华人民共和国国务院. 国家中长期教育改革和发展规划纲要(2010—2020年)[EB/OL]. http://www.gov.cn/jrzg/2010-07/29/content_1667143.htm,2014.9.23.

[53] 中华人民共和国国务院. 国务院关于当前发展学前教育的若干意见[EB/OL]. http://www.gov.cn/zwgk/2010-11/24/content_1752377.htm,2014.9.23.

[54] 中华人民共和国教育部. 教育部关于规范幼儿园保育教育工作防止和纠正"小学化"现象的通知[EB/OL]. http://www.moe.gov.cn/publicfiles/business/htmlfiles/moe/s3327/201201/xxgk_129266.html,2014.9.23.

[55] Brenda Crowe. The playgroup movement[M]. New York: Rutledge,2007.

[56] Clare Wood. Parent-child pre-school activities can affect the development of literacy skills[J]. Journal of Research in Reading, 2002, 25(3): 241.

[57] Fagan, J. Dore. M. Mother-child play interaction in neglecting and non-neglecting mother [J]. Early Child Development and Care, 1993, 87: 59 - 68.

[58] Ivrendi, A. Isikoglu, N. A Turkish view on fathers' involvement in children's play [J]. Early Childhood Research Quarterly. 2006, 21: 507 - 508.

[59] Kenneth R.Ginsburg, MD, Mused. The importance of play in promoting healthy child development and maintaining strong parent-child bongs[J]. American Academy of Pediatrics. 2007, 119(1): 185.

[60] Lindsey, E. W. & Mize, J. Contextual differences in parent-child play: Implications for children's gender role development[J]. Sex Roles, 2001, 44(3/4): 155 - 176.

[61] Macdonald, K. Parent-child play: descriptions and implication[M]. New York: State University of New York Press, 1993.

[62] Ramey, S. L. (2002) Early education with disadvantaged children-to what effect [J]. Applied and Preventive Psychologu, 1: 131 - 140.

[63] Xin Zhou. Parent-child interaction and children's number learning [J]. Early Child Development and Care. 2006, 176(7): 763.

后　　记

童年，生命里不可重来的花期，也是生命中最为宝贵的年轮！越过花期，生命就不再是一张没有涂抹的纸。是谁，能将它涂抹得缤纷多姿？又是谁，能将它描绘得春意盎然？

是我，是我们——尊敬的老师与亲爱的家长们。

并肩前行在教育之路上，我们一直都在。听，教育要静待花开；看，孩子你慢慢来；瞧，牵着蜗牛去散步……这一路牵手而行，我们走得很认真，走得很执着。促进孩子健康成长的重要因素就是家园密切的合作；良好的家园共育，能让我们的教育对象在一致的教育理念中茁壮成长。

本书共分为两大部分：幼儿园亲子活动概述、幼儿园亲子活动案例，其中概述部分主要为理论阐述，案例部分则按照小班、中班、大班、全园，提供了诸多亲子活动案例。本书的出版得益于各位专家的指导与重视。我们深深地感谢省教育科学研究院周丛笑老师对亲子活动课题组高屋建瓴的全程指导，让我们研究有方向，理论有支撑，有信心、有动力地完成系列研究活动。她的智慧与才干、专注与热忱让同行的我们折服称赞。作为课题负责人的我，首先感谢自己昔日的努力：集结力量完成课题开题与中期汇报，构建了亲子活动的核心价值与目标，厘清了内容与思路，让课题顺利开展下去；感谢课题负责人之一湘潭市教育科学研究院陈丹教研员对课题理论构建的撰写，同时带领湘潭市多所幼儿园的老师们进行案例设计、收集、整理，以及后期统稿等工作，其中湘潭市第一幼儿园刘礼沙副园长、彭春燕老师，湘潭市第二幼儿园张小青书记、盛凌莺副园长协助进行部分案例修改；感谢湖南省军区幼儿园朱向阳园长与余海燕副园长提供大量亲近实践的机会，带领教师们组织各种不同类型的亲子活动，尤其是余海燕副园长全程参与研究，对研究方向、案例创意改编及统稿费尽心力；感谢荣丽娇老师，身

为课题主要研究人员，与陈丹老师一起完成了幼儿园亲子活动课题概述部分；感谢参与具体案例编写与修改的臧杨、陈秋娟老师也积极提供重要的思路与修改范例……需要感谢的人太多太多，她们在一线默默实践，努力工作，毫无保留地提供了大量的研究案例与反思。在此，真诚地表示谢意。

愿执着于幼教的同行们，在家园共育之路上达到新高度；愿以亲身实践支持家园共育的家长朋友们育儿有新得。最为重要的是，愿我们共同爱着的、天真稚嫩的孩子们在春光可饮、秋色可衣的和谐教育环境中茁壮成长！

湖南省军区幼儿园杨燕

2017 年 8 月